いますぐ使える オートキャンプ 完全マニュアル

太田潤

今すぐ使える
オートキャンプ完全マニュアル

Contents

make out a schedule

make a meal

PART ② テントサイトを設営しよう！

pitch a tent

choose a tent site

cooking

太田流
野外生活の極意、教えます。

strike camp

manners

first aid

さあ、はじめよう！

COLUMN
達人のオートキャンプ噺（ばなし）

Enjoy AUTO CAMP

オートキャンプのススメ

人間は原始時代から長年にわたって、自然と共存しながら暮らしてきました。21世紀を迎えた今日はどうでしょう？

人々の暮らしは利便性や経済という名の下に、自然と対立する存在になってしまったように見えます。しかし暮らし方が変わったとはいえ、本質はあまり変化していないと思われる証拠がたくさんあります。

多くの人が野山を美しいと感じ、草花を愛しています。災害にはなすすべもなく、自然に畏敬と尊敬の念を抱き、恐れているのです。自然に抱かれることの気持ち良さやうれしさだって、骨の髄まで染み込んでいるはずです。遺伝子に組み込まれているといってもいいでしょう。快適で便利だけれど忙しい日々の中で、忘れている人もいるかもしれませんが、みんな自然が大好きなのは間違いないのです。この本を読んだらスグにオートキャンプに出かけましょう。そして虜になってください。確実に人生の楽しみが広がります。

ピース！

PART 1

オートキャンプに出かけよう！

オートキャンプは行く前から楽しいものです。家族や仲間たちと「どこへ行こうか」「何をして遊ぼうか」と、ワイワイ話し合っているうちに、気持ちがワクワクしてきます。ここでは、まずオートキャンプの魅力を丸ごと知ってもらい、スケジュールの立て方やキャンプ場の選び方、予約方法について一緒に見ていきましょう。

オートキャンプはこんなに楽しい

オートキャンプでは4つの楽しみが体験できる

車を使って気軽に出かけるオートキャンプ。目的は日常からの脱却です。自然を身近に感じ、不便さを楽しむ。家族や友人、自分のために使う時間をぜいたくだと感じる心が大切です。みんなで考えて工夫をすれば、きずなも深まります。まずは背中で大地を感じてください。

その1 不便さを楽しんでしまおう!

便利な暮らしに慣れて忘れている、“工夫する感覚”を呼び戻そう。不便な環境は工夫と発明の発信地でもあります。足りない道具を工夫で補ったときの記憶は思い出になり、そんな小さな感動の積み重ねがキャンプを楽しくします。道具に頼り、便利さだけを追求しては面白いキャンプになりませんよ。

その2 自然を相手に野遊びを楽しもう!

キャンプサイトに広がる景色は、湖畔でしょうか? 森でしょうか? いずれにしても美しい景色が広がっていると考えてください。その景色を見て美しいと感じるだけでは車窓から眺めているのと同じです。一歩踏み出し、自然に触れてください。そんなささいことが野を遊ぶ最初の一歩なのです。

P141へGO! ◂◂◂ Q.キャンプ場周辺で楽しめるアウトドアスポーツについて知りたい

その3

時間をぜいたくに使おう!

効率を上げ、時間の短縮を求める現代社会では、自分のために時間を使うことが最大のぜいたくです。そしてそのぜいたくを思う存分味わえるのがキャンプです。食べて寝ることだけに時間を使っても構いません。シンプルな生活をどれだけ楽しめるかがキャンプの価値だといえます。

その4

家族のきずなを深めよう!

すべての道具が揃い、何の苦労もないキャンプでは家族のきずなはナカナカ深まりません。なぜならば工夫の余地が少ないからです。道具や材料が少し不足しているときに、危険のない範囲で知恵を出し合う環境こそ、きずなを深めるのには最適なのです。最高の想い出を演出するのはあなた次第です。

目的に合ったスケジュールを立てる

2つのモデルスケジュール

まずはデイキャンプからはじめよう!

デイキャンプを受け付けてくれるキャンプ場に出かけることからはじめましょう。お弁当持参なら、家庭用のカセットコンロとヤカンがあれば充分楽しめます。お湯を沸かしてお茶やコーヒー、カップ麺を食べてみよう。おいしく感じたら、あなたも立派なキャンパーです。

近場のキャンプ場へ

デイキャンプのモデルスケジュール

日帰りなので、車で片道2時間以内くらいのキャンプ場がいいでしょう。また初めての場合は、キャンプ道具の取り扱い説明書も忘れずに持参しよう。明るいうちに撤収できるよう、時間配分も忘れずにしてください!

日帰り

8:00	自宅出発	**忘れ物のないようにチェックして!** 少ない時間を有効に使うためにも、キャンプ場で料理する場合は下ごしらえをしてから出かけよう。
10:00	キャンプ場到着	**チェックインをしよう!** デイキャンプでは早めのチェックインをさせてくれる場合が多いので、この時間には到着したい。
10:30	設営	**日帰りでもサイトは作るよ!** テーブルとチェアを中心に、タープやバーベキューグリルがあれば設置しよう。テントの設営練習も可能。
13:00	食事	**お弁当持参? それとも料理しますか?** バーベキューなど、炭火を使って調理する場合は火おこしからはじめます。慣れるまでは時間に余裕を持つよう、早めに準備をしましょう。
15:00	撤収	**慣れるまでは1時間かかります!** 食器洗いや道具の撤収は、炭火を使うと後始末に時間がかかります。慣れるまでは早めに撤収をしよう。
16:00	キャンプ場出発	**疲労するまで遊んではダメです!** 道程を考えてキャンプ場を出発しよう。今回、必要・不要だと思った道具をメモしておくと今後に役立ちます。

1泊のキャンプが主流

泊まりキャンプのモデルスケジュール

夜テントで眠り、朝、目覚める……。たったこれだけのことが新鮮に感じる。いつもと違う夜、そして違う朝が来るのだ。まずは週末を利用して1泊2日のキャンプに出かけてみよう。初心者でも1泊なら気分もラクラクです。

1日目

10:00	自宅出発	**遠すぎないキャンプ場へ出かけよう！** 荷物を積んだら出発。慣れるまでに意外と時間のかかる積み込み作業は、早めに終えておきたいところ。
13:00	キャンプ場到着	**買い出しはキャンプ場近くでも可能です！** 受付でチェックインを済ませたら、キャンプ場のスタッフに施設やゴミ捨てルールなども確認しておこう。
13:30	設営	**みんなで協力してサイトを作る！** 荷物を降ろしてテントとタープを設営する。テーブルとチェア、キッチンまわりを設置してからひと休み。
14:00	昼食	**簡単に済ませるように準備する！** 遅くなることが多いので、簡単な食事を用意するか、キャンプ場に到着する前に済ませておこう。
15:00	野遊びタイム	**遊びながら夕食の準備もする！** それぞれが好きに時間を使えばよいのだが、慣れるまでは日没前に夕食の準備を済ませておきたい。
18:00	夕食	**キャンプのメインイベントです！** 料理の仕込みや炭火おこしは暗くなる前に終わらせておこう。準備が整えばゆっくり時間をかけて楽しめます。
21:00	就寝	**入浴する時間も確保しよう！** キャンプ場の夜は早い。そのため、22時以降に起きている場合は周囲に迷惑をかけないようにお静かに！

2日目

7:00	起床	**早起きは気持ちよいのです！** 早朝のキャンプ場は特に気持ちがいいもの。しかし7時前に起きるときは静かにするのがルールですよ。
7:30	朝食	**食欲モリモリです！** 朝食は炭火を使わず手軽に調理できるメニューにすると、撤収がスムーズに進行するので好ましいですね。
8:30	野遊びタイム	**食後の一服です！** ここはフリータイム。読書や歓談など、気ままにのんびりお茶でも飲みながら休憩しましょう。
9:30	撤収	**リーダーの段取りが肝心です！** かたづける順番を決めてから取りかかろう。時間をかけて丁寧にかたづけると次回のキャンプが楽になります。
12:00	キャンプ場出発	**チェックアウトも忘れずにする！** サイトを見回して、忘れ物や落としものがないかチェックしたら、管理人さんにあいさつして出発しよう。

STEP UP! 連泊キャンプにも挑戦してみよう！

1泊2日のキャンプに慣れてくると、時間に物足りなさを感じる。そんなときは、金曜日の午後から出かける2泊3日や長期滞在キャンプに挑戦しよう。1日をノンビリ過ごせるキャンプ体験では新たな楽しみを発見できるでしょう。

ロケーションを選び キャンプ場を決める

オートキャンプ場には6つのロケーションがある

山と海に囲まれた日本には四季があります。当然キャンプを楽しむ場所や季節も変化に富んでいます。山に向かえば高原、林間、草原があり、湖畔や川岸にも素敵なキャンプ場があります。海岸沿いのキャンプ場もあるのです。あなたはどこへ出かけますか?

サイトの種類を知る

区画サイトとフリーサイト

テントを立てタープを張り、1日を過ごす場所となるキャンプサイトには、区画サイトとフリーサイトの2種類があります。どちらにも一長一短ありますから、ここではそれぞれの特徴について見ていきましょう。

区画サイト

仕切りがあるため安心感が生まれる

駐車場とテントやタープを張る場所が決められているサイトのこと。AC電源やシンクが設置されているキャンプ場もあります。また、区切られているため、混雑期にスペースが確保できない、といったことはありません。

フリーサイト

好きな場所にテントを張る自由気ままさが魅力

場内の決められた範囲であれば、好きな場所に車を停めてテントを張れるサイトのこと。混雑していなければ、広いスペースを確保することも可能です。自然と一体になれる醍醐味を得られることが、何よりも魅力なのです。

P18へGO! ◂◂◂ Q.キャンプ場の施設について知りたい

魅力ある立地を選ぶ
6つのロケーション

キャンプ場は、ロケーションによって趣や楽しみ方がそれぞれ変わります。高原では自然観察、湖畔ではフィッシング。また、夏に涼を求めて川岸へ、秋には紅葉を望みに林間へと、季節によって場所を選ぶ楽しみもあるのです。

広い空に瞬く星を眺めよう!

標高があるため見晴らしがよく、夏に涼しいキャンプが期待できる。また、昆虫採集や星空観察といった楽しみもある。

夏でも快適なキャンプができる!

サイトが木陰に入るため、夏は涼しいキャンプが楽しめます。昆虫採集など、自然の遊びを身近に体験できるのも魅力だ。

ふかふかの芝生は寝心地満点!

緑の芝生が敷き詰められ、フリーサイトのキャンプ場が多い。広大な敷地にテントを張る開放感が、魅力のひとつでもあります。

夏のレジャーを楽しむ!

夏は海水浴が楽しめます。ほかにも、釣りや磯遊びができるため、子どもたちには喜ばれることでしょう。

アウトドアスポーツを楽しむ!

釣りやカヌー、サイクリングなど、遊びの幅の広さは湖畔ならでは。開放感のあるサイトが多いのも魅力のひとつだ。

手軽なキャンプならここ!

釣りや川遊びができるため、子ども連れに人気。都心から近い場所に多くあり、デイキャンプにも向いているといえる。

テントだけではない
キャンプ場内の宿泊施設

キャンプ場には、キャビンなどの宿泊施設を設置しているところがあります。テントで寝るのに抵抗があったり、道具が揃っていないときはぜひ利用しましょう。また急な荒天時は避難場所として使えることも覚えておくといいでしょう。

広い空間と豪華な設備はグループでの宿泊に最適

別荘風小住宅、キャビンの豪華版と捉えればわかりやすい。スペースが広くグループでの宿泊向き。

食材だけを持ち込んで別荘感覚で泊まれる

トイレ、キッチン、ベッド、場所によってはテレビや冷蔵庫、バスまでもあり、設備には事欠きません。

テント泊に近い木造の簡易な宿泊施設

設備のない板張りの小屋。寝袋で寝ることが前提なので、テント以外のキャンプ道具は必要です。

キャンプの本場欧米スタイルを実感

宿泊施設として常設しているキャンプ場もあります。コンパクトながらも充実した設備に人気があります。

失敗しないためのオートキャンプ場の選び方

情報の収集と整理がキャンプ場選びの最大のポイント!

ガイドブックやインターネットで情報収集しよう! ただ、実際に出かけると掲載されている情報と微妙に違ってガッカリ……なんていうこともしばしば。そうならないためには、電話予約の際にキャンプ場のスタッフに詳しい情報を聞くこともひとつの手でしょう。

キャンプ場を知るために
ガイドブックを活用する

キャンプ場選びにはガイドブックが役立ちます。写真やデータを確認しながら、自分たちの目的や予算に合ったキャンプ場を探し出そう。ここではガイドブックを参照する際に押さえておくべきポイントを紹介します。

モデル料金
大人2人、子ども2人で1泊した場合の料金。3000～6000円くらいが相場だ。

場内施設
AC電源やお風呂、ランドリーなどの施設がキャンプ場に設置されているかどうかが分かる。

利用条件
ペット連れができるか、キャンピングカーが入れるかなど、入場にかかわる条件を明記している。

たつじんのもりキャンプじょう
達人の森キャンプ場
モデル料金5000円 …大人2人+子ども2人
●場内施設
水洗トイレ
風呂・温泉
管理人常駐
宿泊施設
温水シャワー
自販機
●利用条件
直焚火
トレーラー
ペット
ゴミ捨て可
冒険心をくすぐるアウトドアパーク
八ヶ岳の麓にある緑豊かなキャンプ場。場内には、クヌギ林が生い茂り、季節こもごもの草花が咲き乱れる。施設には、子どもたちが喜ぶフィールドアスレチックスや、ペット連れには嬉しいドッグランをそろえる。また、オーナーの太田さん夫妻が毎週土曜日に開催する「ダッチオーブン料理教室」は、家族みんなで楽しめるイベントとして人気を得ている。
●開設期間
通年営業
●予約
☎0000-00-0000
12カ月前から受付
●総サイト数
100ほど
DATA
●住所
長野県○○市○○町○-○○
●料金
オートサイト=4000円～6000円、バンガロー(4名・全10棟)=1万円、トレーラーハウス(6名・全5棟)=1万2000円
●チェックイン・アウト
イン=11時～、アウト=～11時
●レンタル品
テント、タープ、毛布、ランタン、コンロ、シュラフ、BBQ用品、そのほか
ACCESS

開設期間
山間部は秋と冬に閉鎖しているところが多い。また、通年営業でも年末年始は営業していない場合がある。

総サイト数
そのキャンプ場で何組がキャンプできるかをサイトの数で表したもの。宿泊施設でいうところの客室数。

料金だけでは決められない!

キャンプ場選びのチェックポイント

キャンプ場選びは、以下の4つの項目を材料にして絞り込もう。さらに、「自分のキャンプスタイル」をイメージして優先順位も決めておくといい。こうすれば迷うことも少なくキャンプ場選びがはかどります。

その4 サービス・イベント

お得な情報を活用しよう

さまざまなサービスやイベントを用意しているキャンプ場。キャンプ場ならではの体験イベントは子どもたちに大人気。また、利用料金がお得になるサービスもある。

人気のサービス・イベント

平日割引サービス

予約が休前日に集中するため、平日の場合10%から50%の割引サービスを実施しているところがある。

連泊割引サービス

連泊をすれば利用料金が安くなるサービスを行っているキャンプ場は多い。GWや夏休みに利用したい。

自然体験教室

季節や週末ごとにキノコ狩りやクラフト作りなど、家族揃って参加できるイベントを用意している。

その2 場所・ロケーション

1泊なら3時間圏内がベスト

自然豊かなキャンプ場といえども、海や山、川、草原などその立地はさまざま。自分好みの場所を選ぼう。1泊なら車での移動時間は自宅から3時間圏内がベスト。

その3 施設

人気は高規格のキャンプ場

初心者なら施設が充実しているキャンプ場が無難。シャワー付きトイレや温泉が設備されていたり、バリアフリー対応やドッグラン付きのキャンプ場も増えている。

▲ドッグラン付きのキャンプ場が人気

その1 費用

キャンプ場利用料と諸経費がかかる

キャンプをするのに必要な費用は、高速道路代などの交通費やガソリン代、それに食費と炭などの燃料代が、キャンプ場利用料のほかに上乗せされると考えよう。

キャンプおこづかい帳

交通費……5000円
+
ガソリン代……2400円
+
キャンプ場代……6000円
+
食費……1万2000円
+
そのほか……2000円

合計　2万7400円

※家族4人(大人2人、子ども2人)が、東京から出発し、山梨県・河口湖のキャンプ場に1泊した場合にかかる費用の大まかな目安を表したもの。

電話で行うのが基本

予約の方法

キャンプ場の予約は電話で行なおう。その際に予約したい日程と参加人数を伝え、必要であればレンタル用品やイベントへの参加も予約しておきたい。また、電話以外にはインターネットで予約を受け付けているキャンプ場もある。

その1 随時受付

年間予約の受け付けに制限がなく、たとえば4月の時点で、翌年3月の予約も可能。

その2 0カ月前から受付

たとえば3カ月前から受け付けできる場合、7月30日の利用なら4月30日から予約可能。

その3 0カ月前の1日から受付

たとえば3カ月前から受け付けできる場合、7月30日の利用なら4月1日から予約可能。

ATTENTION!

予約のキャンセルには料金が発生するの?

予約を取り消した場合、キャンセル料が発生するキャンプ場もある。予約時に利用日の何日前からキャンセル料が発生するのかも確認しておくといいだろう。

COLUMN

達人のオートキャンプ噺（ばなし）

その1

デイキャンプからはじめるオートキャンプ

デイキャンプなら、少しの工夫と準備だけで出発できます。楽しい仲間を集めれば、おいしい野外パーティーのはじまりです。

準備は、下ごしらえをした料理の材料を家にある密閉容器に詰め込み、焼き網を1枚持っていくだけです。ほかに必要なものはテーブルクロス。キャンプ場のあまりキレイではないテーブルにかけてしまえば、ステキな食卓へと変身しますからネ。車で行くオートキャンプですから、お皿やスプーンなどの食器は愛用のものを持っていけばいいのです。お気に入りのワイングラスだって持っていけますね。専用食器は必要を感じてから購入しても遅くはありません。

キャンプ場に着いたら、焚き火と備え付けのカマドを利用しましょう。燃える焚き火を自在に操る人は文句なくカッコいいですよ。それに炎のエネルギーで調理した料理は、確実においしくできあがるのです。

PART 2 テントサイトを設営しよう！

キャンプ場に着いたら、自分たちが住む家を造りましょう。オートキャンプでは、家のことをテントサイトと呼んでいます。みんなで協力して立てたテントが寝室になり、タープがリビングになるのです。キャンプ場で快適に過ごせるかどうかは、ここで紹介するテントサイトの場所選びから設営までの時間にかかっています。

チェックインの方法と場内施設の確認

施設を把握して有効活用すれば楽しさアップ!

ホテルや旅館と同じように、キャンプ場に到着して最初にするのはチェックインです。次に各施設の内容と場所を確認します。利用時間などは、スタッフが受け付け時にある程度の説明をしてくれますが、自分の目で確かめておいた方がいいでしょう。

料金は前払いが基本!

チェックインの方法

料金を支払い、駐車券と案内地図をもらう。区画サイトを予約した場合はここでサイトを指定されます。家族風呂などの予約を希望する場合もここでできます。

レンタル品もここで申し込む!

わからないことや疑問に思うこと、周辺情報などを具体的に質問すればスタッフは答えてくれます。

利用のポイントとコツ

場内施設の確認

トイレや炊事棟といった定番施設から温泉やドッグランなどの人気施設まで、オートキャンプ場にはさまざまな施設があります。まずは自分で確認して有効利用しましょう。キャンプがより充実したものになります。

ゲート

夜間閉鎖の場合もある

入り口にゲートがあり、出入り時間を制限しているキャンプ場もある。必ず確認しておこう。

管理棟

管理人さんはいるの?

管理棟内や付近にはさまざまな施設が集約されている。管理人さんの勤務時間の確認もしておこう。

案内板

全体を把握するために

自分のサイトの位置と施設の場所を確認するために見ておこう。

トイレ

清潔なトイレが増えました!
かつては嫌われたキャンプ場のトイレも、今や水洗が常識。シャワー付きも珍しくない。

バーベキュー場

手ぶらで出かけても大丈夫!
バーベキュー場を設置しているキャンプ場は食材から道具まですべて揃うところが多い。利用は別料金が基本です。

売店

忘れ物があっても大丈夫!
キャンプに必要なモノはひととおり揃っている。キャンプ場によっては野菜を1個から売っているところもある。

シャワー
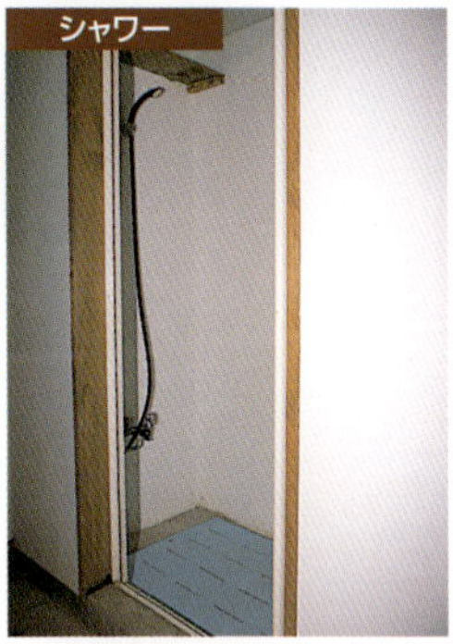

コインシャワーが基本です
お風呂や温泉代わりに設置しているキャンプ場や、風呂と併設しているところがあります。

ゴミ捨て場

細かな分別が必要です
それぞれのキャンプ場によってゴミ捨てのルールが決まっています。面倒でも必ずルールに従って処理をしましょう。

食堂

営業時間の確認が大事
ハイシーズンや休日だけの営業、昼食時の短時間営業などがあり、利用したい場合は事前に確認が必要だ。

ランドリー

長期滞在には助かります!
コイン式が基本ですが、乾燥機まで設置しているキャンプ場もあり、子ども連れには重宝です。

風呂・温泉

温泉+キャンプ=極楽
お風呂や天然温泉を備えたキャンプ場もある。また予約をすれば家族風呂が使える場合もある。利用料金が必要なのが基本。

宿泊施設

シンプル施設から高級施設まで
宿泊施設にはいくつかのタイプがあり、キャンプ場によって備える宿泊施設の内容と値段は違う。利用には確認と予約が必要だ。

AC電源

電源サイト限定利用!
炊飯器の使用から携帯電話の充電まで便利なAC電源。ここでコタツを使うつわものもいます。

ドッグラン

犬連れキャンプ歓迎します!
ドッグランとは犬専用の運動場のことです。ここでは愛犬のリードを外して思い切り遊ばせてください。

炊事棟

お湯を使える場合もある
基本的に調理の下ごしらえと食器のあとかたづけに使うところです。混雑時はお互いに譲り合い気持ちよく清潔に使いましょう。

気持ちのいいテントサイトの選び方

8つのポイントを覚えて賢いサイト選び

テントサイトを選ぶときは、いくつかのチェックポイントを確認しながら進めよう。ただし混雑時には自由にサイトを選べないこともある。そんなときはスタッフの指示に従いましょう。人間の手が加えられていない自然の中でキャンプする場合は特に重要になります。

気持ち良く過ごすために！

テントサイトのチェックポイント

安全を確保することがもっとも重視すべきポイントです。そしてキャンプ場はひとつの社会でもありますから、身勝手な行動で他人に迷惑をかけないようにしてください。ではひとつずつ解説していきましょう。

POINT 1

チェックインは早めに

早め早めの行動を心がけてすべてに余裕を持とう！

区画サイトでも先着順に割り振っていくことが普通です。当然早く到着すれば優良サイトを確保できる確率が高いのです。もちろんフリーサイトは早いモノ勝ち！ ですから、早いチェックインが必要なのです。

POINT 2

プライバシーを確保する

道路から近い場所は避けて独立性を確保できるサイトを選ぶ

車や人が頻繁に通る道路から離れたサイトを選ぶようにしましょう。また仕方なく他人の視線にさらされるサイトになった場合はサイトレイアウトの工夫で対処します（詳しくはP22〜23へ）。

POINT 6
夏は涼しい場所を選ぶ

タープだけで日差しは避けられない

高地は気温が下がるため、夏に涼しい場所といえば高原です。しかし日中の日差しは思いのほか強いのも事実。日陰がないと暑さで体力の消耗も激しくなります。木立や地形から日陰を求めよう。

POINT 7
気持ちのいい地面を選ぶ

サラリと乾いた地面が理想です

気持ちのよい地面とは芝生や乾いた地面のことをいいます。ほかには第六感を働かせて自然に落ち着ける場所を探すのも秘訣です。水がたまるような場所はダメなのです。

POINT 8
川の中州は絶対に避ける

多くの事故から教訓を得よう

中州は独立性も高く快適に思えてしまいますが、もっとも危険で事故もたくさん起こる場所。雨が降っても上流の増水にはなかなか気づけないものです。誰も助けることはできません。絶対に禁止！

POINT 3
風が吹き抜ける場所は避ける

夕方・早朝は風が吹く時間だと覚える

どんな場所にも風は吹きます。風の通り道にサイトを作ると朝夕に一時的に吹く風でさえ、影響を受けて大変な思いをするハメになります。もちろん荒天時には強い風に悩まされることが確実です。

POINT 4
がけ崩れの危険がある場所は避ける

背後のがけに注意して！

基本的にはキャンプ場内であれば安全だといえますが、相手は地球ですから絶対だとは言い切れませんね。がけが迫っているような場所にテントを設営するのは極力避けるのが賢明でしょう。

POINT 5
くぼ地は雨水がたまるので避ける

不意の雨にも対応できるサイトを選ぶ

雨が降り出すとくぼ地に水が集中してサイトは水浸しになる恐れがあります。地面が湿っていたり粘土質だったら要注意だと覚えておきましょう。極力避けるべきだといえます。

テントサイトの基本レイアウト

4つのパターンを覚えて快適サイトづくり

ココではテントサイトの設計に取りかかることにしよう。設計というと大げさだが、ドームテントとヘキサタープ、テーブル、チェア、キッチン、車を例にして、これらをサイト内にどのように配置するかを考えることである。動線（人の動き）と風向きに注意を払おう。

私のイチオシ！

動線を確保したスムーズなサイト

今回のモデルケースでは最良と思えるレイアウトがこれだ。人の動線が、円を描くように全体を配置している。ヘキサタープには2本のポールを余計に使い、居住性を向上せているのがミソである。

POINT! **ポール2本追加で快適サイトを実現**

本来ならこの部分はロープを通して地面にペグ打ちする。グロメット（金属で囲われた穴）にポールを立てて上下の空間を広げています。開口部は車のサイドドアに広がり、荷物の出し入れもらくらく。

上から見たところ

タープの開口部と車のサイドドアを真向かいに設置。さらに車のバックドアが充分に開く間隔を開け、テントを斜めに設営。これでタープと車への移動は独立して可能に。公道に面してキッチンを置き全体の流れを円にした。

パターン1 L字型に配置する開放的なサイト

車を中心にしたレイアウト。テントの出入り口を車のサイドドアの真向かいに設営。また車のバックドアの後方にタープを張り独立した動線を描くようにした。キッチンはテントとタープの間、車に影響しない位置に置く。

上から見たところ

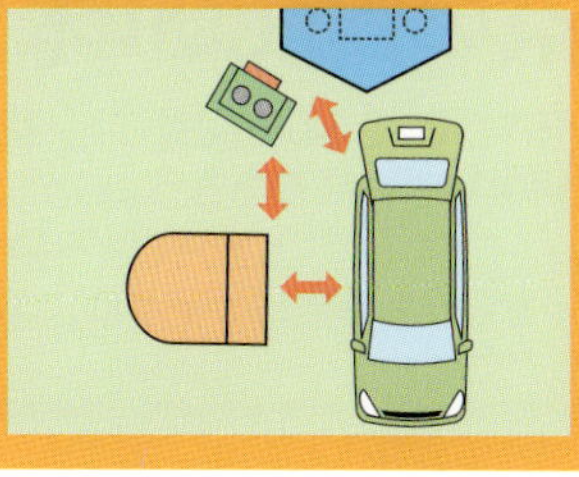

テントの出入り口を車のサイドドアに直線的に設営。タープは車の後方位置をずらして開口部に向けて張る。充分な間隔を空けてロープやペグ打ちに支障のないように。キッチンはテントとタープの間。

パターン2 三方を囲んだ独立性の高いサイト

タープの位置から考えたレイアウト。公道に面して開口部を向けるようにタープを張る。ヘキサタープの後方に車を置いてサイドドアと車の関係を確保。またテントは反対側の開口部に出入り口を向けて動線を確保します。

上から見たところ

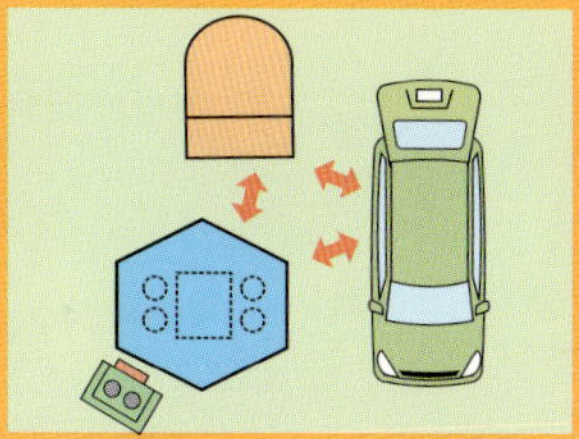

公道に面して大きく開いたタープを設置しているのでプライバシーの確保が重要です。キッチンを置いて半分ふさぐようにしますが、残りはサイトと公道との出入り口として確保してください。

パターン3 開放性重視の伸び伸びサイト

車のバックドアを優先させた直線的レイアウトです。移動距離の長いレイアウトですが、動線が交差しないため事故も少ないといえるでしょう。タープの開口部両側にランタンを吊せば夜間の明かり確保も簡単です。

上から見たところ

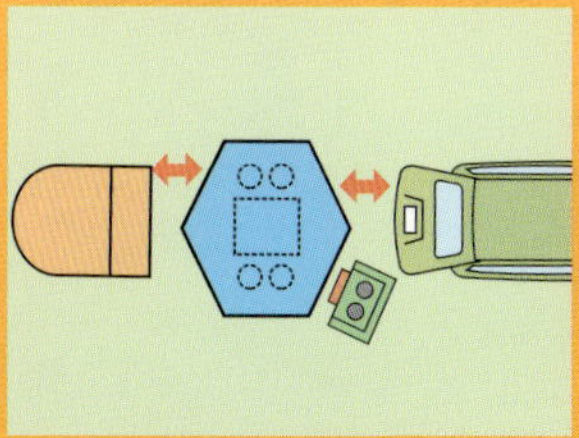

車の後方に充分な間隔をおいてタープを張る。開口部はバックドアに向けること。そのタープの反対側に出入り口を向けてテントを設営しよう。キッチンはタープの開口部付近に設置するといい。

フリーサイトと野営場その違いとサイト選び

区画サイトでは味わえない自然の醍醐味が魅力

割り振られて線引きされている区画サイト。整備されたグラウンドは快適なキャンプを約束してくれるだろう。しかし区画スペースは限定されていて自由なレイアウトで過ごすには不向き。そんなとき、自然な環境に近いフリーサイトや野営場が魅力的に見えてくるのです。

呼び方だけではない！ フリーサイトと野営場の違い

フリーサイトと野営場の違いは、車がキャンプサイトまで入れるかどうかにあります。サイトまで車を乗り入れることができるサイトをフリーサイトと呼び、駐車場から荷物を運ぶスタイルのサイトを野営場と呼ぶのです。

林間の雰囲気満点のフリーサイト

区画サイトにくらべて、整備されたグラウンドではないので足元は平坦ではありません。しかし、人の手が入っていないという意味で、自然に近い環境は格別な雰囲気で私たちを迎えてくれます。立ち木を利用してサイトづくりを工夫する楽しみもあります。

シンプルキャンプなら野営場でもいいでしょう

フリーサイトと違い、駐車場に車を停めてキャンプ道具を運ばなければなりません。運搬用に一輪車やリヤカーを無料で貸し出してくれるキャンプ場もあります。車中心のサイトは不可能なので、シンプルスタイルがオススメだといえます。

工夫して楽しもう！

フリーサイトの選び方とポイント

すべて違うスペースだと考える方が正しいフリーサイト。快適なサイトを設営するには少しの努力が必要です。人気スペースには常連さんがいるほどなのです。

POINT 1 フリーサイトこそ早い者勝ち

自分のサイトは自分で決める

敷地内であればどこに設営してもいいので、快適なスペースから利用されてしまいます。早く到着すればそれだけ自由に選べるのです。

POINT 2 直射日光と風を避ける

木立を利用するのが一番です

フリーサイトには立ち木があるので、それを利用して風や日差しから逃れるようにサイトを設営しよう。風の道も考えればカンペキ。

POINT 3 設営時の注意点

快適に過ごすための努力

大きな石や岩が転がっていたら、まず地面の整地からはじめよう。木立の間に上手にサイトを設営します。

POINT 4 覚えておきたいテクニック

ペグの代わりに石を使う

地面が硬いなど、ペグが思うように打ち込めない場所では、大きな石にロープを巻いて固定してペグの補強に使ったりします。

立木にロープを巻いて固定する

立ち木があれば、ソレを利用してロープを固定する場合もあります。石より確実なのでオススメしますが、木を傷つけないようにしてください。

STEP UP!

キャンプに役立つロープワーク

簡単で応用範囲の広い「モヤイ結び」を紹介します。結びの王様とも呼ばれていますから、ゼヒ覚えてください。

01

ループを作る

まず、ロープや張り綱を用意したら、端を半円状に折り返し、小さなループを作りましょう。

02

ループに潜らせる

折り返したロープの端を持ち、先ほど作ったループの下側から入れてこれに通しましょう。

03

ロープの下に通す

ループを通したロープの端を持ち、再びロープの下に通してから、折るように手前にもってきます。

04

端をループに入れる

さらにロープの端を持ち、それを戻すようにしてループへ通し、結び目を作りましょう。

05

結びを絞める

結び目を指で押さえて絞めれば「モヤイ結び」の完成。作る輪の大きさを変えると応用が利きます。

工作感覚で楽しむ テントの設営

ロッジとドーム テントには2種類ある

最新の傾向としては、ロッジテントとドームテントの境目があいまいになっているようだ。ただ、ポールだけでは自立せず、構造が複雑なロッジテント、ポールだけで自立して、軽量で風に強いドームテントと覚えておこう。どちらにも長所短所があるが人気はドームだ。

居住性は抜群です！

ロッジテントの設営方法

複雑な構造だが、前室（リビング）が広く、高さにゆとりがあるため居心地は抜群です。どちらかといえば長期滞在に適した特性があるといえるでしょう。設営には少し手間と時間がかかります。

01

部品の確認からはじめる
ポールは数種類あるのが普通なので、長さや太さの違いを説明書で確認しておこう。

02

キチンと位置を決めよう
大型のロッジテントは設営後の移動がとても大変です。そのため、まずはキチンと位置を決めることからはじめます。

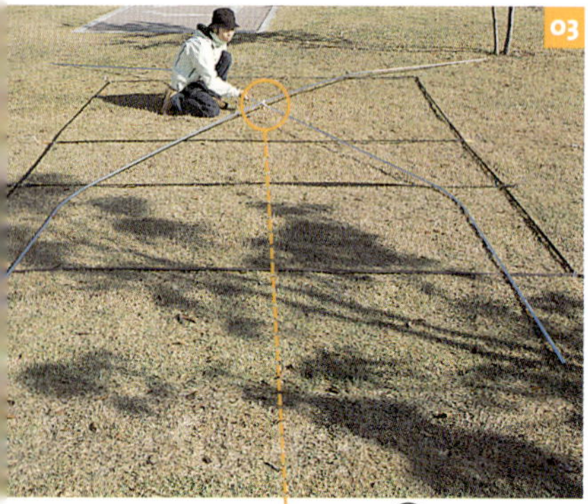

03

ZOOM!

メインポールを組む

付属のシートでテントの枠と位置を決めたら、メインポールを組み立てる。ポールの種類が多いので、写真のように繋がっていない場合は色分けされているから間違わずに組める。

P35へGO! ◀◀◀ Q.ペグの打ち方について知りたい

メインポールを立ち上げる

2人で作業すると快適にできます。お互いにポールを押して立ち上げたら地面に張った枠のフックにポールを刺す。

サブポールを組み立てます

同じ色が合うようにポールを組んでおきます。また、地面側は枠に付属のフックに掛けておきましょう。

インナーテントの吊り下げ

組み上げたフレームに寝室となるインナーテントを吊す。テントに付いているフックなどで確実に組み付けよう。

インナーテント完成の図

インナーテントができました！ これで寝室は完成です。フレームの構造が分かりますね。

フライシートを掛けます

フライシートは雨からテントを守り、前室のスペースを作ります。インナーテントの上からかぶせましょう。

張り綱とペグで固定して完成！

フライシートの張り綱とペグで固定します。また内側からもポールに固定するのを忘れずにしましょう。

設営後は移動できない。位置決めは確実に！

極意教えます

軽くて簡単！
ドームテントの設営方法

ロッジテントにくらべると、はるかに短時間で設営できるドームテント。慣れると数分で完了することも可能なくらいです。設営後の移動も可能ですが、位置は最初にキチンと決めるようにしましょうね。

シンプルな部品構成
ドームでも、特に大型のテントには、ポールが数種類入っています。設営する前に、まずは部品内容を確認しておこう！

テント本体で位置を決める
インナーテントを広げて位置を決めます。後で移動も可能ですが、ここで決めたほうがキレイに設営できますよ。

インナーテントをペグで固定します
グラウンドシートにシワが寄らないように適度な力で張りながらペグを打ち込んでください。2人がかりで写真のような位置関係で引き合うとキレイにできます。

ポールの組み立て

ドームテントのポールは、写真のようにゴムでジョイントされている。組み付けは簡単だが、確実にしないと破損することも。

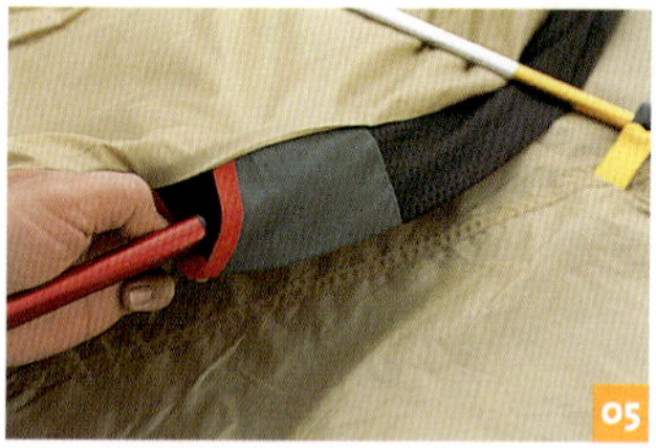

スリーブにポールを通す
テントの屋根についてるスリーブ（袋）にポールを通します。ポールの色と同じ色のスリーブに通せばいいのです。

ポールを片方固定します
テントの四隅にあるピンやフックにポールの端を片方差して固定します。2人でお互いに押し合いながら作業すると簡単です。

ATTENTION!

大型ドームテントは2人以上で設営しよう
簡単な構造だが、大きいので重量もそれなりにあるのが事実。また、ポールの破損などの事故を避けるためにも、2人以上で設営するのがベターなのだ。

P114へGO! ◂◂◂ Q.テントの種類について知りたい

STEP UP! 前室のフラップで日よけを作ろう

前室のフラップは、使わないときには巻き上げておくのが普通ですが、写真のようにポールとロープを使って日よけを作ることも可能です。特に前室の大きなロッジテントやドームテントではかなり有効な日よけができますよ。

07

テントを立ち上げます

固定していない方のポールの端を押しながら立ち上げる。スリーブの中のポールの位置をずらしながら立ち上げてください。

08

ZOOM!

フックを掛けて補強します

テントの斜面に付いているフックをポールにかけて強度を上げます。無理に引っ張ったりしないようにね！

09

フライシートを掛けます

出入り口の方向を合わせて、インナーテントの上にフライシートを掛けます。その際、裏表も確認しよう。

10

ZOOM!

フライシートを固定しよう

フライシートの四隅を、テントの四隅にあるフックに掛けて固定しましょう。

11

マジックテープも忘れずに!

フライシートの内側にあるマジックテープをポールに固定させます。忘れやすい部分ですから注意してください。

12

ペグを決めれば完成!

フライシートに不自然なシワが寄らないように張りながら決めてください。キレイに張るとインナーテントとフライシートの間隔が適正になり、雨や風に強いテントになります。

極意教えます

シワに注目！ キレイに張れば荒天にも強いゾ!

タープを自由自在に使いこなす

レクタングラー、ヘキサ、スクリーン、ウイング、カーサイド タープには5種類ある

日よけの役割を果たすタープは、多少の雨ならしのげますが過信は禁物。レクタングラーは長方形で6本のポールを使うタイプ。ヘキサは六角形でウイングは四角、ポールは共に2本です。スクリーンはテントのような形状で、カーサイドは車から張るタープです。

開放感あふれる空間！

レクタングラータープの設営方法

最近の主流はヘキサのようですが、私的に最も使いやすいと思うのが、このレクタングラータープです。大きな面積で日よけを効率的に作ってくれて、快適さでは一番です。開放的な空間を確保できるのもメリットですね。

03

01

部品構成はシンプルです

6本のポールを使って立てる。ロープも長短2種類、ポールの長さも2種類あります。

長いポールから立てよう

長いポールをセンターポールと呼びます。タープの長辺の中央にあるグロメット（穴）に先端を入れておきます。

02

長いのが2本 短いのが4本

まず、合計6本のポールを組み立てます。またタープを張る位置に本体を広げて場所の目安にしましょう。

PART ② 031 テントサイトを設営しよう！

STEP UP! キレイに張るコツ教えます

タープに装備されているロープには自在鍵が付いています。これは張り綱としてのロープのテンション（張力）を調整するときに使います。ペグで固定するときは、少しルーズに張るのがコツです。あとで張れば良いのですから。

テンションは均等にする

最後にロープの張り具合を確認します。すべてのロープが均等な張力になるよう調節したら完成！

ポールのズレは見苦しい

すべての角度から見てキレイな直線にポールが並ぶように調節しよう！

極意教えます

ロープはタープを押さえるように掛けてください。

完成

04

立ち上げます

ひとりがポールも押さえ、もうひとりがロープを引いてペグで固定します。タープの長辺から45度の角度にロープを張るのが基本。

05

反対側も立ち上げましょう

同じように２人で反対側も立ち上げてロープとペグで固定します。ロープの張力はまだ不揃いで構いません。

06

短いポールで四隅を立てる

短いポール４本を使い四隅を立てます。短いロープを使って45度を目安に張りましょう。最後にロープの張力をそろえて完成。

扱いやすさがうれしい

ヘキサタープの設営方法

安価に購入できて今や主流のヘキサタープ。人気の秘密は、ポールが2本なので簡単に設営できる点にある。居住空間は狭いが、広くする秘策がある。ポールを4本増設すれば高価なレクタングラーにも負けない空間が確保できるのだ。

01

少ない部品構成

ポール２本、ダブルのロングロープ２本。短いシングルロープ４本にペグが主な部品。

02

場所を決めたら広げておく

位置を決めたら広げておこう。尖って見えるところにセンターポールを立てる穴がある。

03

ポールを立ち上げる

ポールを持つ人とロープを張る人がほしい。ロープを張る角度は45度が基本です。

04

反対側のポールも立てる

同じように反対側のポールも立ててロープで固定。ロープはまだルーズで問題なし！

05

四隅をロープで地面に固定

シングルロープで四隅を地面にペグで固定。ポールは下を内側に入れると安定します。

完成

防虫効果も期待できる

スクリーンタープの設営方法

完全に覆ってしまうと閉鎖的空間になるが、ネットを装備しているので虫の多いサマーキャンプには最適なタープ。またネットにはフラップがあり、密閉することも可能。寒い時期には風もよけてくれるありがたいタープだ。

01

テント並みの部品の多さ

屋根を構成するポールと、立ち上げるためのポール。スクリーンタープ本体とペグ、張り綱が主な部品だ。

02

位置を決めたらペグで固定

スクリーンタープ本体を広げて位置を決めます。四隅を張りながらペグで固定しておきます。自立するタイプは設営後の移動も可能です。

03

ポールを入れて屋根を作る

短いポールは屋根を作るポール。太さの違うブラケットに差し込んでください。簡単に屋根ができあがります。

04

立ち上げましょう

ブラケットの太い穴に長いポールを差し込んだら立ち上げます。二人で作業しよう。

05

地面側も固定します

最初に決めたペグ付近にあるフックやピンを利用してポールを固定します。

06

フックを掛ければ完成です

本体に付いているフックをポールに掛けて強度を増します。これで終了!

完成

●フルクローズ

●フルオープン

STEP UP! スクリーンをきれいにたたもう!

スクリーンタープに必ず付いているメッシュスクリーン。便利なモノだが不要なときもあるのが現実だろう。使わないときはキレイに収納しておきたい。両側から2人で息を合わせて収納するのが極意です。面白いからやってみてください。

01

ファスナーを外す

ファスナーをフルオープンにして、メッシュスクリーンを広げます。

02

両端を2人で巻く

2人でメッシュスクリーンを巻いていきます。細く巻くように!

03

長さをそろえます

下側が広いので両端は余ります。それを内側に折りたたみましょう。

04

ダッフルベルトで固定

巻いたら付属のベルトで固定。垂れることなく見た目にもきれいです。

ペグ(杭)の種類と扱い方

ペグ打ちは角度と深さと姿勢の3つがポイント

ペグには、テントやタープを地面に固定して風に飛ばされないようにしたり、生地にテンション(張力)をかけて空間の確保や強度を上げるなどの役割があります。地質により使い分けるのが基本ですから、付属品だけではなく必要な形状のペグを買い足しましょう。

たくさんあって迷います

ペグの種類と特徴

フカフカの芝生や軟らかな土、石ころだらけの土など、キャンプ場にはさまざまな地質があります。地質に適したペグを使わないと必要な強度が保てず不都合が生じます。それでは各ペグの特徴を紹介しましょう。

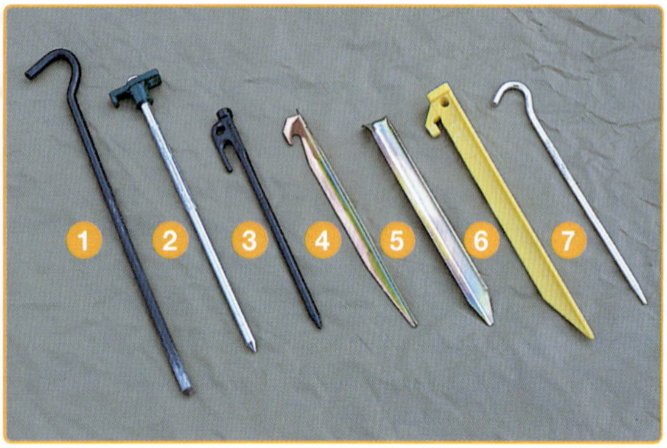

❶スチール製ペグ
長くて強度がある。硬い地質でも打ち込みやすく、強いテンションが必要なタープのメインポールなどに最適。

❷アルミ製角型ペグ
強度のあるロングペグだが、軽量なのが特徴。軟らかな地面から硬い地面まで適応するが、砂には不適だ。

❸鋳造スチール製ペグ
非常に硬い地面に適しているが、短いので強度は小型テントに対応する程度であり汎用性は低い。

❹チタン製V字ペグ
軽量。軟らかな地面から砂まで対応するが、短いので強度不足が目立つ。テンションのかからない場所で使う。

❺アルミ製U字ペグ
軟らかな地面と砂に対応するが、変形しやすい。フライシートを押さえる程度のテンションで使う。

❻プラスチック製T字ペグ
市販の大型テントやタープに付属。軟らかな地面と砂なら対応するが、折れやすく耐久性に乏しい。

❼アルミ製ピンペグ
市販の小型テントに付属。曲がりやすく修正しながら使うのが普通。適度な硬さの理想的な地面にしか適さない。

❽ゴム製ハンマー
ヘッドの適度な重さと硬質ゴムのおかげで、ペグの材質を問わず使用できるのがうれしい。疲労感も少ない。

❾スチール製ハンマー
小型で持ち運びには有利だが、このハンマーでプラスチック製ペグを打つとペグが破損してしまうのが難点だ。

❿プラスチック製ハンマー
市販の大型テントやタープに付属しているタイプ。軽量だが打ち込みには力が必要になる。あまり役に立たない。

簡単にできる!

ペグの抜き方

軟らかな地面や砂地であれば、なんの問題もなくスルスルと抜けてしまいます。しかし、強度のあるロングペグを硬い地面に打ち込んだ場合には、大変な力を必要とします。楽に抜く方法を教えましょう。

まずは基本の力技

張り綱のテンションを緩めたら、力で引き抜きます。必ず手袋を着用して、打ち込んだ角度に合わせて力を入れます。

テコの応用で抜く

張り綱のテンションを緩めたら、市販のハンマーに加工されているループにペグを掛けて、テコの原理で引き抜きます。

ペグにはペグで対応する

ペグのヘッド(頭)同士を掛け合わせて引き抜きます。力が入りやすい姿勢になるので、意外に簡単に抜ける方法です。

ホドホドが肝心!

ペグの打ち方

ただ杭を打ち込むだけに見えるペグ打ち作業。実は少しテクニックが必要なのです。コツはペグの選択と姿勢、さらに打ち込み過ぎに注意すること! 簡単な作業ほど慎重さを要することも覚えておいてくださいね。

バランスの良い角度が決め手

張り綱が引かれる方向と水平にハンマーの柄が合うように打ち込むのが理想です。体の向きにも注目してください。

張力に強い角度で打ち込みます

写真はわかりやすくするためにワザと浅く打ってありますが、角度に注目してください。引かれる方向の逆側に倒して打ち込むのがコツです。

抜くときを考えて打つベシ

指が2本入るくらいの余裕を持って打ち込みを終えよう。×の写真のように完全に打ち込んでしまうと抜くときに苦労しますよ。

雨や夜つゆの対策を考える

アイデアひとつで悪天候時を快適に過ごす

穏やかな晴天のキャンプが快適なのは間違いない。しかし繰り返しキャンプをしていれば、必ず来るのが雨や風だ。台風のような暴風雨なら避難が一番だが、シトシトと降る雨なら風情が増して楽しめるというもの。雨の日は晴天時とは少し違う工夫が必要になります。

備えあれば憂いなし！

悪天候になる前にすること

基本的に、濡らさない、飛ばさない、雨水をためない、という考え方で対処します。悪天候になってから慌てるのではなく、事前にできることはしておくと、体を濡らすことも少なくて快適にやり過ごせるのです。

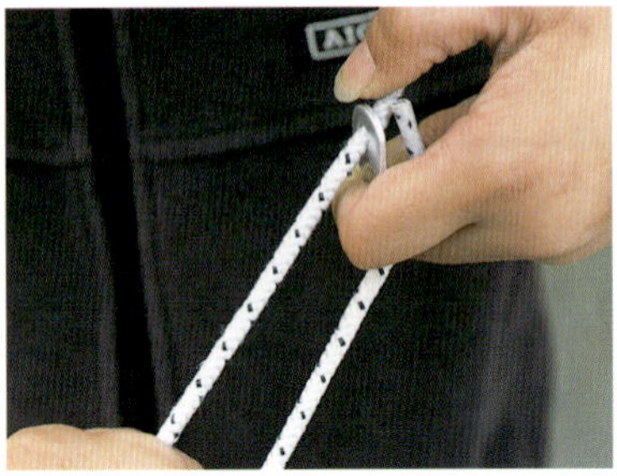

張り綱の確認をする
張り綱のテンションが均一にかかっているかを確認し、自在フックで調節しておこう。

軒下に収納しておく
普段はタープの外で使う道具を、テントの前室など雨に濡れない場所に移動しておこう。

防水スプレーを塗布する
防水処理をしておく。古いテントは縫い目を中心に防水スプレーなどを吹き付けておこう。

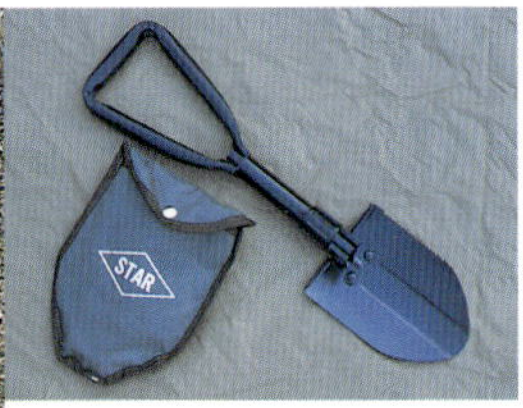

雨を逃すために排水溝を作る
タープやテントから流れ落ちる雨が、サイト内にたまらないように排水溝を掘ろう。小型の携帯スコップがあると便利ですよ。

P115へGO! ◂◂◂ Q.自在フックの使い方について知りたい

水を逃がそう！
雨水対応サイト術

よく水がたまるタープと足元に、水をためないよう排水しよう。
またテントとタープを連携させておくと濡れずに移動できるのです。

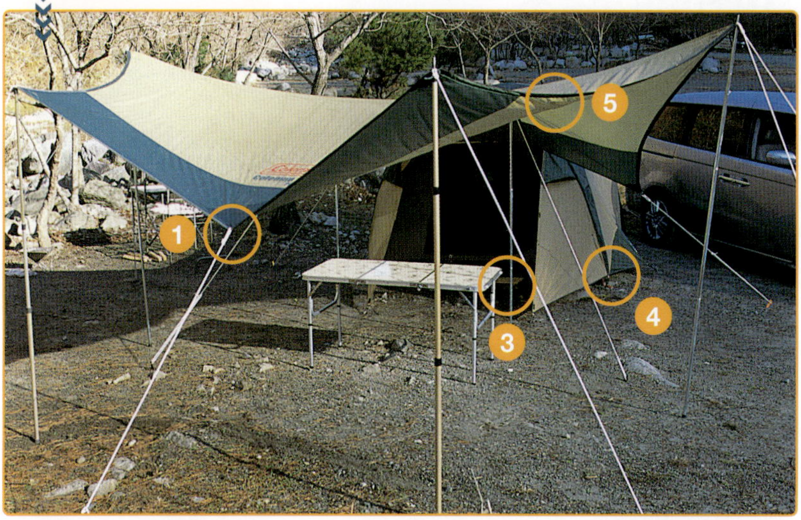

テントとタープを連結する
前室のフラップとタープを連結すれば、出入りの際に濡れない。

グラウンドシートを折り込む
地面とテントの間に敷くシートは、完全にフライシートの内側にしまおう。

水の逃げ道を作ります
両側のポールの張り綱を緩め、グロメットからロープを地面に引く。

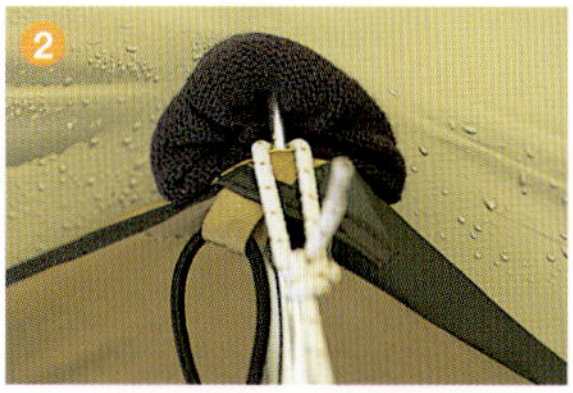

タープとフラップを連結する
ポールを使うときは、生地に負担がかかるので、布で補強すること。

すのこを利用する
入り口にすのこを置くと、テント内を濡らすことが少なくて便利。

乾燥は基本です
濡れ物対策

雨が降らなくても、夜つゆや汗で濡れてしまうこともあります。乾燥させていつまでも快適に使えるように管理しよう。濡れ物放置は、カビが発生して取り返しのつかない結果になりますよ。

タープやテントを乾燥させる
パタパタとあおり、水分を飛ばしてから干して乾燥させる。両面乾燥が時間短縮につながります。

寝袋も乾燥させます
寝袋（シュラフ）はファスナーを開いて両面を乾燥させましょう。快適な寝心地のためにはコレが基本です！

シュラフを敷いて就寝の準備をする

保温性を高めることが快適睡眠のキーポイント

寝室になるテント内を、自由に使いこなしましょう。使いやすく工夫を凝らしたテントは、あなた独自の部屋になります。環境が変化したキャンプ場でも、テントに入ればいつもと同じあなたの部屋の景色です。自分に慣れた環境は安眠を提供してくれるのです。

保温と断熱の両立がカギ
テント内のレイアウト方法

テントのグラウンドシートの下には、もう１枚シートを敷きます。これは湿気対策とテントを汚さないためです。そのため、テント内は適度なクッション性と体温の保持、冷気の断熱を優先的に考えてレイアウトしましょう。

03
シュラフを伸ばしておきましょう
シュラフは空気を含んで膨らみ、保温効果を発揮します。設営が済んだら広げておこう。

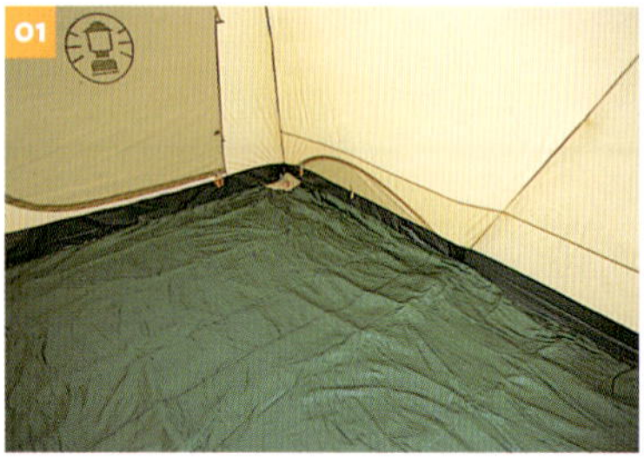

01
テントマットを敷く
適度なクッション性と防湿効果のあるテントマットが市販されています。

04
テント内では電池ランタン
テント内にガス式・ガソリン式ランタンを持ち込むのは危険なので絶対に禁止です！

02
段ボールも効果があります
テントマットの上にパーソナルマットを敷けば寝やすさが向上します。市販テントマットの代わりに段ボールと薄い銀マットを敷く方法もあります。ダブルで使ってもOK。

P118へGO! ◀◀◀ Q.シュラフの種類について知りたい

ルールはあなたが作ります

快適睡眠を得るためのひと工夫

さあ、いよいよテントで寝る時間ですよ！ 緊張するかもしれませんが、あなたのテントです。
自分の好みで工夫しましょう！ 既成概念にとらわれない自由な発想がリラックスを生むみなもとです。

シュラフに入る必要ある？

暑い季節にはシュラフは掛けるだけで充分。完全にファスナーを閉め、大汗かいて風邪を引くのは愚の骨頂ですね。

ポケットを活用しよう

テントには必ず小物を収納するためのポケットがあります。壊れやすいメガネや携帯電話などは必ずココに置きましょう。

風を起こせば涼しいよ

当たり前で申し訳ありませんが、うちわは炭火の友だちだけではないのです。テント内でも使いましょうね。

枕だってありますよ

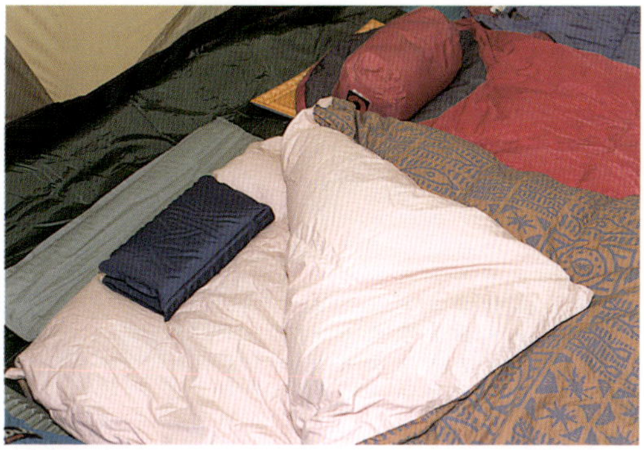

空気枕も市販されていますが、シュラフを入れていたスタッフバッグなどに衣類を詰めればマクラができます。

STEP UP! 濡れタオルや衣類の置き場

テントの上部にはフックが装備されていて、付属のネットを掛けるとモノ置きができます。またココにロープを通しておくと、簡単にタオル掛けなどのモノ干しができるのです。狭いテントは工夫して広く使いましょうね。

二枚重ねの睡眠術

寒い時期には薄手のシュラフを二枚重ねると保温力が相当上がります。内にマミー型、外に封筒型を重ねると快適です。

明かりの準備とレイアウト

ランタンはタイプごとに3つ用意すると便利

大型で明るいガソリン式ランタン。カートリッジの取り付けが楽なガス式ランタン。スイッチひとつで点灯する電池式ランタン。これら3種類をひとつずつ準備できると理想的です。ただ、高価なモノですから最初はガス式かガソリン式のいずれかひとつを揃えるのがいいでしょう。

明かりに強弱をつける

ランタンのレイアウト方法

基本的には、サイト全体を照らす明るいランタン、キッチン付近を照らすサブランタン、そしてテント内に置く電池式ランタンという構成です。夏など虫の多い季節には、一番明るいランタンを遠くに置き、虫を遠ざけましょう。

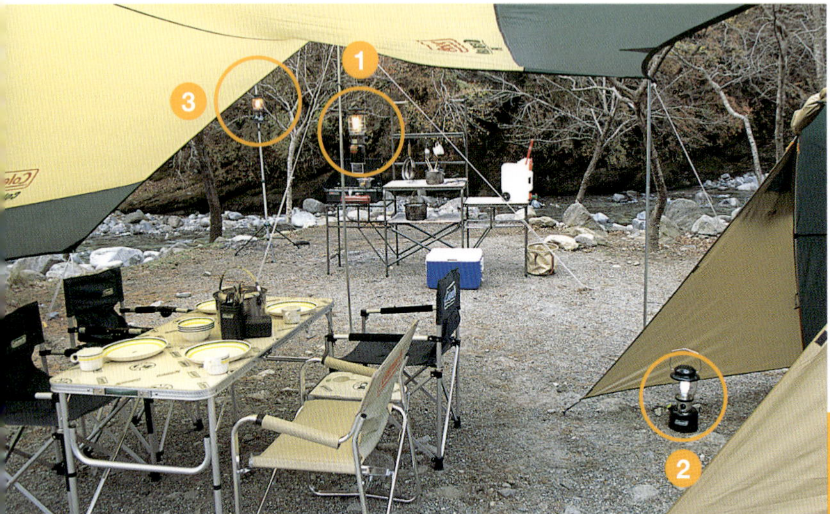

POINT! 季節によって配置は変わります

上の写真は夏休みの夕暮れを想定して、明るく照らすガソリン式ランタンを虫寄せとして機能させています。虫の心配のない季節ならメインをガソリン式にしてキッチンはガス式が好ましいでしょう。

虫の心配がない季節のキャンプサイトでは、タープの中を照らすメインランタンをガソリン式ランタンにします。キッチン付近に立てたランタンはガス式にすると、必要なときにスグに使えて便利ですね。

P122へGO! ◀◀◀ Q.ランタンの種類について知りたい

レイアウト 1 サマーキャンプは特別仕様

サマーキャンプのランタンレイアウトは、虫対策をメインに考えます。タープのポール付近に吊すランタンは、ガソリン式ランタンより暗いガス式にします。しかしこれはあくまでサマーキャンプの特別仕様！ 虫の心配がない季節なら、ガソリン式ランタンをここに吊して全体を明るくしてください。

POINT!
ポールに掛けるランタンハンガー
小型でかさばることもないので、ひとつ持っていると便利なランタンハンガーです。

レイアウト 3 集虫灯として使う明かり

これもサマーキャンプの特別仕様です。サイトから少し遠いところに配置して、虫を寄せるために点灯します。虫の心配がない季節なら、キッチンに寄せてガス式ランタンを吊しましょう。点火、消火が手軽で便利です。

POINT!
ランタンスタンドに吊す
ランタンスタンドは、大型ランタンでも安心して吊せるだけあって重さがあり、荷物になりますが、どこへでもランタンを移動できるのであると便利です。

レイアウト 2 テント内の明かり

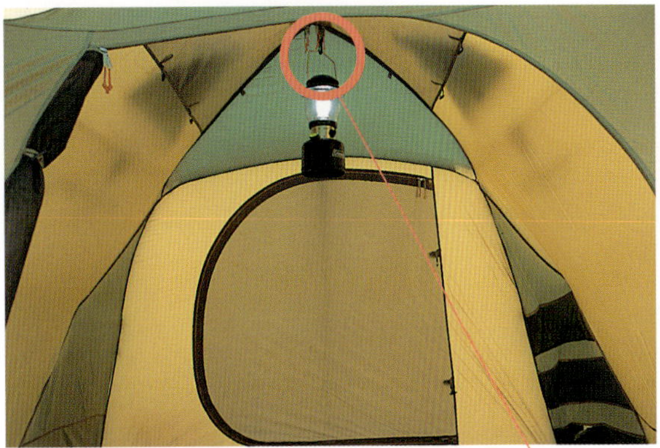

懐中電灯でも機能的には問題ないのですが、ランタンの広がる光は全体を照らしてくれて都合がいいのです。火事や酸欠の恐れがあるのでガス式とガソリン式ランタンの持ち込みは絶対に禁止！

POINT!
テント内に吊す方法
このテントにはフックがあるため、ランタンを吊すことができました。ただし、すべてのテントにある機能ではありません。小型のカラビナなどを用意しておくと便利です。

極意教えます

明るさにメリハリをつけて配置しよう！

ランタンを使いこなす

マントルの空焼きさえ覚えれば思いのほか簡単！

マントルとはランタンの発光部分のことで、ガラス繊維が燃焼して発光する性質を利用しています。ここではコールマンのノーススター・ランタンを使い、交換方法を紹介します。ランタンが違うとマントルも異なりますが、手順は大体同じですから応用してください。

交換必至の消耗品

マントルの空焼き方法

マントルは移動中のショックでも崩れ落ちる消耗品ですから、必ずスペアを持つようにしよう。またこのランタンは、チューブタイプといって上下に穴があるマントルを使いますが、ほかは上側を取り付けるだけで簡単に装着できます。

ホヤとガードを外す
まずランタンが冷えていることを確認したら、上部のネジを回して外しましょう。

ホヤを外して古いマントルを捨てる
カバーを静かに引き上げると、ホヤとガードが取り外せます。古いマントルを取り除きましょう。

接合部は上下2カ所
チューブタイプマントルは、このように上下を接合しますが、普通は上部だけです。

マントルを取り付ける
取り付けはマントルに付いているひもでシッカリ縛るだけ。上下縛れば完了。

全体が白くなれば終了
マントルに点火した炎が燃え広がり、全体が白くなってきたら、少しガスを出してマントルを膨らませましょう。

07

05

余分なひもはハサミでカット
このように上下をパイプにシッカリ縛るだけ！簡単ですね。余分なひもは、ハサミで切ろう。

08

空焼きを開始する
マントルの下側に点火します。最初は煙がたくさん出ますから驚かないでくださいね。

06

明るく光れば完了です
このように均一に明るく光れば大成功！ 冷めるのを待って逆の手順でホヤとガードを取り付ければ完了です。

操作は簡単！

ガスカートリッジ式ランタンの使用方法

ガソリン式ランタンに匹敵するほど明るさを放つ大型のランタンから、携帯に便利な小型ランタンまで、その種類は豊富に揃っています。サブランタンとして、ゼヒともほしい一台ですね。

02

燃料交換も簡単にできます
ガス式ランタンの燃料はカートリッジガスです。クルクルと回しながら取り付けるだけ！ 扱いやすいです。

点火も簡単！一発で完了
最新のガスランタンはスイッチを押すだけの自動点火が主流。消火もツマミをひねるだけの簡単さです。

01

明るさは一番！

ガソリン式ランタンの使用方法

燃料の扱いには慎重さが要求されます。また点火には多少の慣れが必要ですが、その明るさと心地良い燃焼音には多くのファンがいるほどなのです。価格は高価ですが、修理しながら長く付き合えるランタンでもあり、最初の一台にはオススメします！

01
ガソリン給油からはじめよう

ジョウゴを使って燃料口から燃料を補給します。もちろん付近は火気厳禁ですよ！

専用フィラーもありますよ

これはメーカーが販売している専用フィラー。こぼす心配が激減します。燃料を満タンにしてください。

02
ポンピングで加圧します

ポンプを左に回し、引き出したら真ん中の穴を親指で押さえて15回以上ポンピング。

03
音で判断する点火準備

ポンプを押し込み右に回して固定します。次いで燃焼ツマミを回して燃料を少し出します。最初に空気が出てから燃料が噴出されるので、ここで点火しよう。

04
ツマミを回して燃焼調整

最も明るく燃焼する位置にツマミをセットして完了です。満タンにすれば一晩は大丈夫でしょう。

ATTENTION！

ガスとガソリンどっちがお得？

燃費だけを考えるとガソリンが有利であるが、手軽さや明るさを考えると一概には判断できない。大勢で出かけるのが前提のオートキャンプではメインにガソリン、サブにガスと最低ふたつのランタンを持つことをオススメします。

アルミホイルでひと工夫

明かりを効果的に使う反射板作り

ここでは、ランタンの明かりを自在に扱う方法を紹介します。しかも、使う道具はアルミホイルだけ！ヤケドしないように、必ず手袋を着用してから作業してください。

片側に集中させる反射板をつくる

キッチン付近にランタンを設置したときなどに便利な方法です。不要な片側の光も反射させて集めるので、かなり明るく感じることでしょう。両方ともハンドルにアルミホイルを巻くと安定します。

手元を明るくする反射板を作る

テーブルに置いたランタンは、意外にも手元付近を照らしてくれません。そこで、カバーの上にアルミホイルで作った反射板を設置します。ランタンの下に物を置くなどして、ランタン自体を少し上げれば、手元まで明るく照らしてくれますよ。

立ち木に吊す方法

どこでも自在に吊す楽しみ

立ち木を利用してランタンを吊します。虫が集まるサマーキャンプでは、特に必要になるハズですね。コツは金属のカラビナやS管を使うことです。ナイロン製のロープにランタンのハンドルを直に吊すと熱で溶けて落下する場合があり危険です。

S管でランタンを吊す

こんな感じに吊すと安全です。実は私……以前直にロープで吊し、落下させてランタンを破損したことがあるのです。面目ない！

ロープとカラビナとS管です

これだけでいろいろなモノを吊したり干したりできるので、ぜひキャンプ道具に加えて！

ランタンは発熱する道具であることを忘れずに！

極意教えます

COLUMN

達人のオートキャンプ噺（ばなし）

その2

理想のキャンプ地を求めて旅をする

カウボーイに憧れキャンプをはじめた。陳腐だけど永遠の憧れ。

キャンプとは、子どものころの自分にさかのぼることだと思う。町内の空き地を駆け回ったごとく、自由になれるかどうかなのだ。

秋、北海道の河原でキャンプする。4時過ぎに染まりはじめた空が濃紺になっている。そう遠くない場所で熊の声がする。勝てないことはわかっていてもナイフに手が伸びる。本気で怖い。怯える自分。震える時間はたっぷりあった。

南の島でキャンプする。風も波もない最高の日和。酒は山ほど買ったから、ほかにすることはない。足元を締め付けていたブーツのひもを解き放つだけですべてが終了する。テントもいらない。火をおこし、夜を待つだけ。

何百という夜を過ごし、落ち着ける場所を探した。今は炎を操り、大地に身を横たえるだけで満足だ。

PART 3

食事を作ろう！

オートキャンプでは食事がひとつの大きな楽しみです。
すがすがしいお日様のもとで、あるいはランタンの明かりや
たゆたう焚き火の炎を前にして食べる料理は、格別においしいのです。
また、もしバーベキューやカレーといった定番料理に飽きた人たちがいたら、
ここで紹介する珠玉のレシピを見てチャレンジしてみてください。

クーラーボックスとタンクを使いこなす

調理以前に欠かせない必須アイテム

キャンプ場でウオータータンクは欠かせません。身近に水を置くことで、調理がスムーズに進行するからです。また冷蔵庫代わりのクーラーボックスも、食材を安全に保管するための必需品です。最近はガスを使って冷やすキャンプ用の冷蔵庫も市販されています。

意外に知らない？

クーラーボックスの使用方法

クーラーボックスの使い方なんて！と思うでしょうが、ゼヒいち読願います。冷気の動きと保冷材の重さを考えながら整理すれば間違いありませんが、デタラメに突っ込むと、せっかくの食材がダイナシになることもあるのですよ。

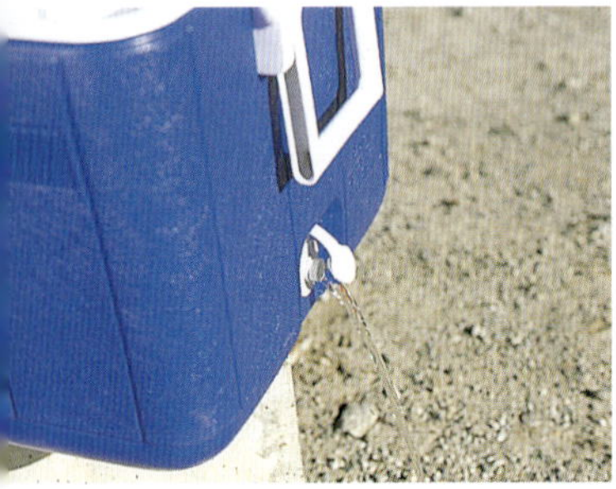

水抜き栓を利用しよう
クーラーボックスにたまる水はこの排水口から捨てます。閉め忘れ厳禁！

保冷材は立てて使おう！
保冷材の重みで、肉や魚などの軟らかい食材を痛める心配がありませんし、冷気も均等にまわります。

別のクーラーで飲み物を冷やす
食材と飲み物は分けて冷やすと無駄が少ない。飲み物は氷を一番上に置いて冷やそう。

基本中の基本です！

ウオータータンクの使用方法

さまざまなタイプのウオータータンクが市販されています。使いやすく便利なのは、15ℓくらいの容量のタイプでしょう。蛇口を持つタイプが主流です。隠れた蛇口をセットすることから始めましょう。

POINT!

ソフトバケツを水受けにする

タンクの水を水道のように使うとスグになくなります！ バケツを使い、水をためて無駄を省きましょう。

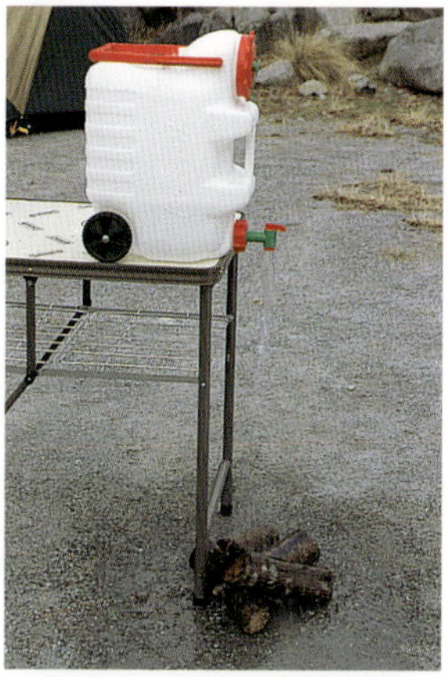

POINT!

薪を置いて飛び跳ね防止

簡単な手洗いでも水が飛び散ると、あたりを汚してしまいます。薪や石を組んで飛散防止です。

POINT!

タイヤ付きのタンクは便利です

仮に15ℓのタンクを満タンにしたら、重さは15kgを超えます。炊事場までの辛い水汲みもこれなら楽ですね。

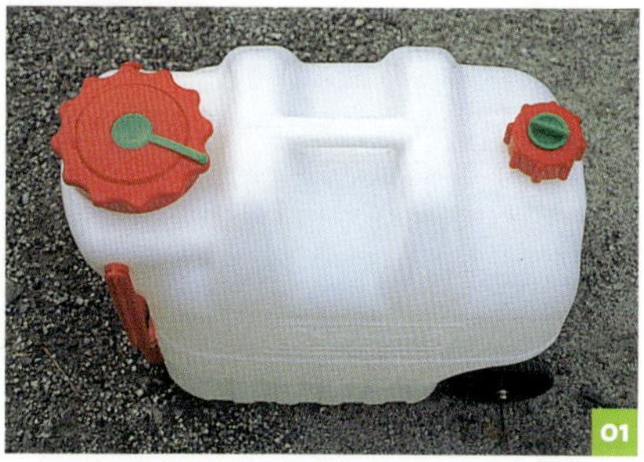
01

大きさの違うフタがふたつあります

まずはフタを上にして置いてください。次にフタをふたつとも外します。

02

隠れた蛇口を取り出そう

大きなフタの裏側に蛇口がセットされています。これを取り外しておきましょう。

03

小さなフタと交換します

このウオータータンクは小さなフタにセットするタイプですが、普通は交換式です。

04

蛇口の向きは側面です

使用するときは立てて使います。このように側面に蛇口を向けてセット完了！

ツーバーナーを使いこなす

点火と火力調整の方法を覚えよう!

炊き口がふたつある大型のバーナーをツーバーナーと呼びます。かつては3つの炊き口を持つトリプルバーナーも存在しましたが、大きすぎてカタログ落ちしてしまいました。大きな鍋やフライパンでも安定する堅牢なゴトクと火力の強さは、アウトドア料理の強い味方です。

大型だから悩みのタネ

ツーバーナーの設置方法

キッチン近くに置くとしても、地面に直接置いたのでは使い勝手が悪すぎます。テーブルに置くと場所を取り、残りのスペースに問題が出ます。そこで汎用スタンドに載せて使うことになるのです。どちらを選びますか?

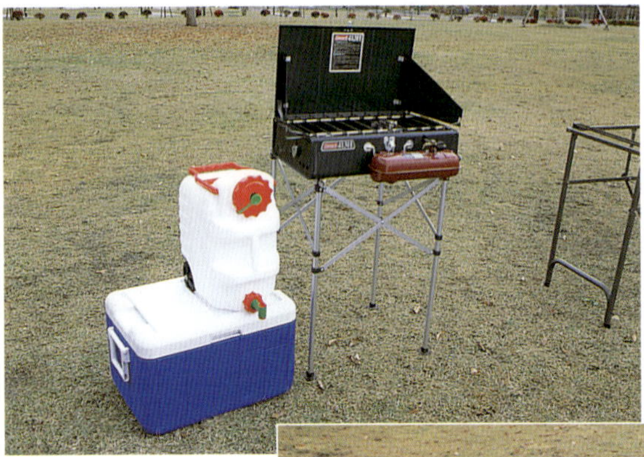

汎用スタンドにのせて使う

「ハイスタンド」という商品名で市販されている、汎用スタンドに載せています。コンパクトに収納できて便利ですが安定感はイマイチです。

キッチンテーブルに配置する

調理関係をすべてまとめることができる、大型のキッチンテーブルが市販されています。安定感があり、使い勝手も良好ですが、収納時に大きくて重いのが難点です。

P126へGO! ◀◀◀ Q.ツーバーナーの種類について知りたい

家庭のキッチン感覚！

ガスカートリッジ式ツーバーナーの使用方法

紹介するのはアウトドア専用のガスカートリッジを使用するタイプです。ほかには、家庭で使うカセットボンベを使えるタイプもあります。ただし、どちらのガスも気温が下がると気化が悪くなり、極端に火力が落ちるのが難点です。

スタンドを引き出す

ツーバーナーを裏返し、収納されたスタンドのストッパーを解除して足を引き起こします。

ガスカートリッジの取り付け

ツーバーナーの裏側に付いているネジ穴に、ガスカートリッジのネジ口を合わせて取り付けます。手でしっかり締めてください。

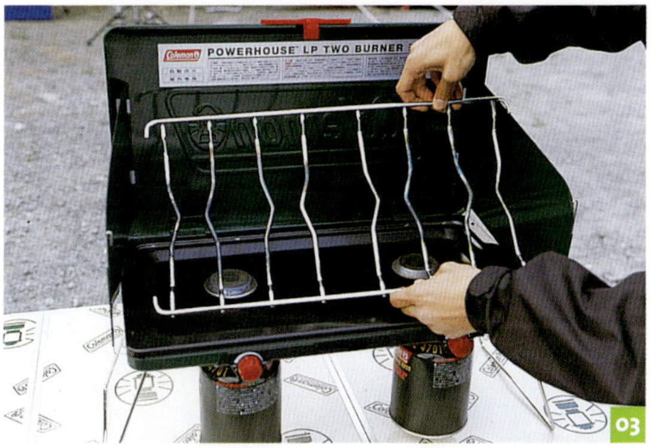

ゴトクをセットします

ツーバーナーを置いたら、フタを開けサイドの風防をセットします。次いでゴトクを切り込みに入れてセットしたら準備完了！

ツマミひとつで点火です

マグネット式の自動点火を採用していますから、マッチやライターも不要。もちろん消火もつまみをひねるだけの簡単操作です。

ATTENTION！

同じようなガスカートリッジが各社から市販されています

ガスカートリッジの「取り付けネジ」には数種類タイプがあり、形が違えば取り付けは不可能です。しかし同じタイプの取り付けネジでも、ガス成分が違うことがあるのです。ツーバーナーの性能を安全に発揮させるためには、純正ガスの使用が一番だといえます。購入の際には「取り付けネジ」の形とメーカー、ガス成分に注意してください。

低温時はホットタオルをガスカートリッジに巻こう

極意教えます

安定した火力が魅力です！

ガソリン式ツーバーナーの使用方法

点火や消火が面倒で、ガソリンの扱いも危険。しかし気温にかかわりなく、安定した火力を長時間供給してくれる能力は、タフな気候条件になるほど魅力を増します。ガソリン式は季節を問わずキャンプをする人には最適なのです。

タンクを取り出します

フタを開けたら燃料タンクを取り出す。ツーバーナー本体の切り込みを通して持ち上げるとスムーズに出せます。

ガソリンを補給する

市販のホワイトガソリンを使用します。専用フィラーやジョウゴを使ってこぼさないように入れましょう。もちろん付近は火気厳禁！

ポンピングでガソリンを加圧します

ポンプの頭を左に回して緩めたら、中央の穴を押さえて20〜30回ポンピングします。最後は押し込んで右に回してロックです。

STEP UP! ポンピングに強くなってガソリンバーナーを使いこなそう！

ポンピングは、ガソリンを加圧・気化させて着火させるために不可欠な行程です。ここでもう一度、手順をおさらいしましょう。まず、ポンプの頭を左に回して緩めます（燃料バルブは閉めておく）。中央の穴を親指で押さえながらポンピングします。完全に押し込むことが大事ですよ。これを20〜30回繰り返し、ポンプを完全に押し込んだ状態で、ポンプの頭を右に回して閉めたら完了です。

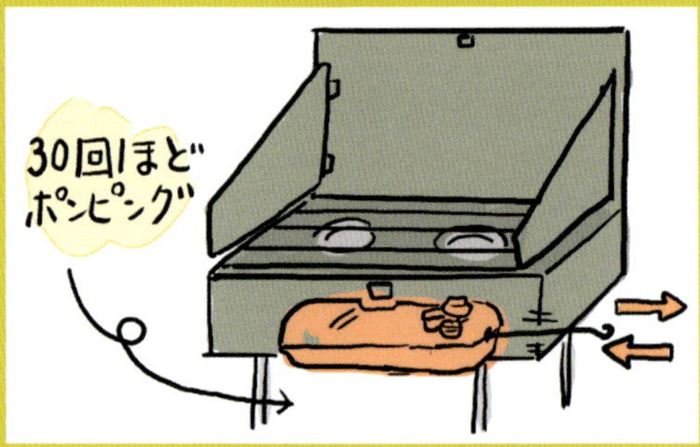

ジェネレーターの取り付け

燃料タンクから伸びる筒がジェネレーターです。本体に開いた穴を通して取り付けます。タンクは爪を掛けるだけの単純な構造。

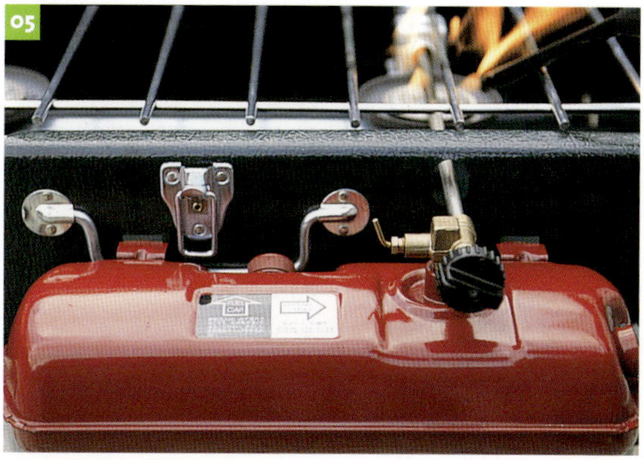

点火レバーは上向きにします

点火レバーを上向きにしたら、バルブを開いて右側バーナーに点火。一気に燃えますので柄の長いライターを使いましょう。

使用時は下向きです

炎が赤色から落ち着いた青色に変わったら、点火レバーを下向きにして使用。火力が安定しない場合は、ここでポンピングし加圧します。

左のバーナーにも点火する

左側のバーナーだけでは点火しないので、右側が燃えているのが条件。左側面の蝶ネジが燃料バルブですから、それを開いて点火。

風防をセットして使いましょう

本体のフタに折り込まれている風防を引き出してセットします。スプリング構造のフックを穴に押し込むだけで完了します。

STEP UP! 長く快適に使用するために覚えておきたいテクニック

強い火力のガソリンバーナーは弱火で使用することが多く、不完全燃焼を引き起こすこともしばしば。不完全燃焼はカーボンを発生させ、ジェネレーターが目詰まりする原因。消火前の2〜3分間はバルブを全開にしてカーボンを焼き切るようにしよう。また指定ガソリンを使うこともオススメします。

シングルバーナーを快適に使いこなす

ツーバーナーと併用すればとても便利!

軽量コンパクトなシングルバーナーは、キャンプ道具の重量を気にするバックパッカーや登山家、バイクツーリストたちのために開発されたバーナーです。すべてを車に積んで出かけるオートキャンパーには無縁とも思えますが、卓上バーナーとして貴重な存在なのです。

ガスバーナーを身近に使う

シングルバーナーのメリット

シングルバーナーにもガソリンタ式とガス式がありますが、ここでお話するのはガスを燃料に使うタイプ。手軽なバーナーは楽しい食卓を演出してくれます。あなたもシングルバーナーをキャンプ道具に加えてみませんか?

メリット1

無駄に動く必要なし イスから離れずに使えます

小型なのでメインテーブルに出しても邪魔になりません。無駄に動く必要がなくなります。

メリット2

必要なときに必要なだけ使う 無駄がないから経済的

点火と消火もワンタッチ。イスに座ったまま必要な分量だけ燃焼させるので経済的です。

メリット3

卓上コンロとしても使える便利さ

カートリッジとバーナーが分かれているタイプなら、鍋などのテーブルクッキングも可能。

P127へGO! ◂◂◂ Q.シングルバーナーの種類について知りたい

小型だから便利！

シングルバーナーの使用方法

シングルバーナーにもさまざまなタイプがありますが、ここでは、ガスカートリッジと燃焼するバーナー部が分かれていて、鍋やフライパンを載せたときの安定性が高いセパレートタイプを例にお話します。

01

脚を引き出して安定させる

コンパクトに収納するために、折りたたまれているスタンドを引き出して安定するように開きます。

02

ゴトクを広げる

ゴトクもコンパクトに収納するために折りたたまれていますので、すべて開いて調理器具を載せやすくします。

03

ガスとバーナーを連結する

バーナーから伸びたゴムホースの先端金具を、ガスカートリッジに取り付けます。このときホースをねじらないように注意しよう。

04

ワンタッチで点火します

燃焼バルブを回してガスを出しながら、マグネット点火ボタンを押すと点火完了！　すぐに使えます。

STEP UP! 燃料の違いで使い方が変わる！ シングルはガス式がオススメです

オートキャンプのサブバーナーとして使うなら、断然ガスカートリッジ式がオススメ。それもセパレートタイプが使いやすく便利です。点火、消火もワンタッチですし、コンパクトに収納できるので、持ち運びも邪魔になりません。ガソリン式のシングルバーナーは燃費が良く経済的ですが、点火して使用するまでに、手間と時間を必要とします。そのため、手元に置いて使うサブバーナーとしては不向きなのです。

ティータイムにも大活躍！ 無駄を省けば燃費向上です

極意 教えます

焚き火はとても楽しい

キャンプの醍醐味 焚き火を自在に操る快感は欠かせない

最近のキャンプ場は直火禁止が増えていて、焚き火を楽しむ人の姿も減ったように思います。しかし、まだまだ直火可能なキャンプ場もたくさん存在します。そんな環境に出向いたら、ルールを守って美しい焚き火を楽しんでください。キャンプがひと味違ってきます！

後始末も考えて！

焚き火の準備

単にフィールドで火をおこすことを焚き火だと思わないでください。キチンと始末して、痕跡を残さないことを焚き火と呼ぶのです。地面を少し掘ってから焚き火を開始するのが、最低限のマナーだと心得ましょう。

マキは現場調達可能です
焚き火ができるキャンプ場ならマキを販売しています。2束あれば一晩は焚けます。間違っても立ち木を切ってはダメですよ！

焚き火を楽しむための道具たち
火をおこすわけですから、基本的に炭火をおこすときと同じ原理、道具で対応できます。

❶うちわ
炭火をおこすときほど必要としませんが、あると便利なアイテムです。

❷フイゴ
これは集中的に強風を起こす道具です。焚き火よりも炭火に必要だと考えましょう。

❸ナタ
市販のマキから細い焚きつけ用を作るには必需品。ケガをしないよう正しく使おう。

❹斧
ナタよりも大きなマキを割るときに使います。いずれかを持っていれば大丈夫です。

❺火バサミ
炭火同様、焚き火でも必需品です。安価ですから数本用意して食材用にも使うと便利。

❻皮手袋
布製の軍手でもいいですが、耐熱性が高い安全な皮手袋がオススメ。必ず着用しよう。

P86へGO! ◂◂◂ Q.焚き火の後始末について知りたい

確実に点火させるために

火おこしアイテム

慣れていないと火おこしはとても難しいと思いますが、実はそれほどでもありません。基本に忠実に行なえば簡単に燃え出します。基本はふたつだけ！　炎は下から上に燃え移ること。小さな火から少しずつ大きくすることを忘れずに。

天然材料と廃物利用で着火する

落ちている小枝や不要な紙を着火剤に使います。私的には最良の方法だと思っています。

❶牛乳パックの空き箱
パックの内側にはロウが塗ってあり、長い時間かけて燃える特性があります。細かく切って使います。

❷枯れ枝
枯れ枝には油分を含んだモノがあり、強く燃えます。短時間で燃え尽きるのでたくさん用意しましょう。

❸古新聞
雑に丸めて使う場合もありますが、このように折りたたむと燃焼時間が延びて確実に着火させてくれます。

❹枯れ葉
枯れ枝と同じようによく燃えます。乾燥した枯れ葉は着火剤として使えます。ただ、煙が多いのが難点。

❺乾燥した松ボックリ
松ヤニを含んでいるので、安定して燃えます。ただ、これだけで着火させるには少し技が必要です。

市販の着火剤あれこれ

マッチ1本、ライター1発で着火して便利ですが、石油臭くて好みではありません。

強引に着火させるトーチバーナー

高温の炎を噴出させるトーチバーナーは、湿ったマキを着火させるような悪条件でも心強いのです。

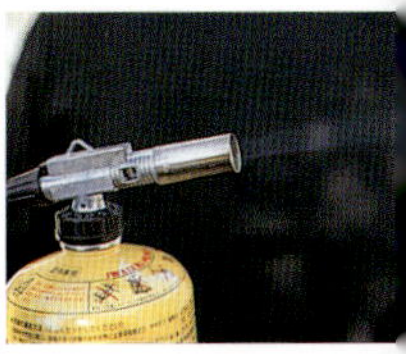

❶チャコールブリケット
炭の粉をまとめて、点火を簡単にするために油分を染みこませている。安価なので炭代わりに使う人もいる。

❷アルコール系着火剤
アルコールをジェル状にして着火剤にしている。ハズカシながら私は上手に着火したことがありません。

❸ヤシ殻着火剤
簡単で火持ちもいいので確実に着火させてくれます。においも優しく市販品の中ではオススメです。

ヤシ殻着火剤を使う

着火材の使い方

写真は炭に着火させていますが、マキに代えても同じです。いきなり大きめのマキに着火させることも可能です。

01 一番下に着火剤を置きます。少し多めに置きましょう。
02 中くらいの大きさの炭を載せて、着火剤に点火します。
03 着火剤が長時間燃えてくれるので確実に炭に着火します。

ゆっくり燃やそう

新聞紙の使い方

条件が揃えば軽く丸めただけでも使えますが、長時間燃やすために少し工夫すると、より確実に着火します。

01 広げた新聞紙を2cmくらいに折りたたみます。
02 指を中心に緩く巻き付けます。
03 端を中心に通してまとめれば完成です。

※炭に着火させる方法
→P61へ

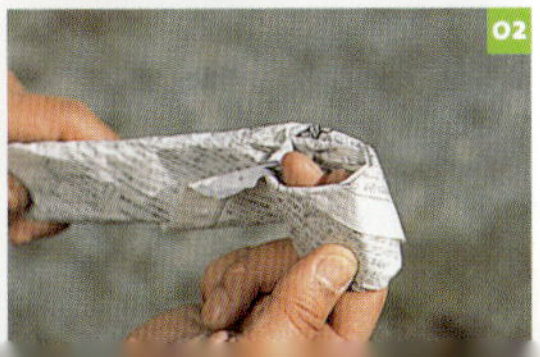

基本が大事！

着火の手順

着火剤は使わずに、古新聞と枯れ枝など拾ったモノで焚き火をおこします。基本を解説しますが、この基本を忠実に守ることが確実な着火につながります。慣れたころに失敗が増えるのが、焚き火の着火なのですよ。

01 **3種類の太さの枯れ枝を拾います**

数㎜の太さのモノから2～3㎝のモノまで3種類くらいの枯れ枝を拾い集めましょう。

02 **火床を掘ります**

深さ15㎝、直径30㎝以上の穴を掘り、焚き火の火床にします。掘った土は埋め戻しに使います。

03 **最初の1歩は古新聞から**

古新聞を丸めたモノを置いてから、枯れ葉や枯れ枝をパラリと置きましょう。

04 **一番細い枯れ枝から載せましょう**

枯れ葉の上に一番細い枝を置きます。中央で枝が交差できる程度に折って使います。

05 **中間の太さの枝を重ねます**

次いで太い枝を同じように折りながら重ねて置きます。掘った穴に収まる長さがちょうどいいのです。

06 **一番太い枝を置いて点火しよう**

太い枝も同じように置き、新聞紙に点火。太い枯れ枝に燃え移りパチパチ音がしたらマキを加えます。

ATTENTION!

ルールを守って楽しい焚き火をする

焚き火に対する環境悪化は後始末の悪さが第一の原因です。直火で焚くときは必ず埋め戻し、痕跡を残さないようにしてください。もちろん草地などでは絶対に焚き火は禁止です。再び訪れたときに気持ちよく過ごせる景色を守ろう。

間違っても立ち木を折って、焚きつけを作ってはいけません！

風向きによっては火の粉がテントに穴を開ける心配もある。混雑期は自粛しよう

P71へGO! ◂◂◂ Q.ナタの使い方について知りたい

炎を自在に操る 焚き火の種類と特徴

ひと口に焚き火といっても、目的別にマキの組み方から、カマドの作り方まで違ってくるのです。ここではカマド作りには言及しませんが、代表的なマキの組み方と目的、そして扱い方について解説しておきます。

小さな炎は
近づけるから
暖かい。
無駄に
燃さないでね。

極意 教えます

STEP UP! 燃えにくいマキを燃す方法

太いマキは基本的に燃えにくい。その場合はナタで割きますが、都合よく割れないこともあります。そんなときは写真のようにヒビを入れ、小石をはさんで使います。これだけで空気に触れる面積が増え、燃えやすくなるのです。

イゲタ型焚き火

キャンプファイアーはコレです

炎を高く持ち上げるので、キャンプファイアーや明かり取りの焚き火に使う組み方です。

マキの組み方と扱い方

マキを組むまでは右ページと同じです。2本のマキを平行に置いたら、角度を90度変えて同じく平行に2本置く。これを繰り返せば高さが出る。点火はマキを組んでからです。

合掌型焚き火

火力調節ができて調理向きです

マキの先端、重なり合ったところを燃やす組み方です。マキのくっつけかたで火力が自在に調節できます。

マキの組み方と扱い方

マキを組むまでは右ページと同じです。火床の中心はマキが交差しているところに組むのがコツ。先端を離すと火力は落ち、くっつけると火力が上がります。

傘型焚き火

万能型の焚き火です

最もポピュラーなマキの組み方。適度に炎も上がり、マキの交差で火力調節も可能です。

マキの組み方と扱い方

マキを組むまでは右ページと同じです。点火したらマキが交差するところが火床の中央にくるように組みます。マキの交差を減らすと火力は落ち、増やすと火力が上がります。

焚き火台とバーベキューグリルを使いこなす

直火禁止のキャンプ場で焚き火を楽しむために

ほとんどのキャンプ場は、直火は禁止でも焚き火台を使えば可能というルールです。また事後の始末も簡単で、移動もできることから、直火可能なキャンプ場でも愛用する人が増えています。比較的安価なモノから高価なモノまで、価格は耐久性に比例しています。

基本は直火と同じ

焚き火台の使用方法

読んで字のごとし！ 焚き火をするための台です。着火の方法も基本的には直火と同じだと思ってください。焚き火台を使うと移動も自由ですし、専用の金網を使うと調理にも簡単に応用できるのです。便利ですよ！

01

一番下は古新聞や着火剤

丸めた古新聞や着火剤を置いてから、枯れ葉や枯れ枝をパラリと置きましょう。

02

少し太い枝を重ねます

次いで少し太い枝を折りながら重ねて置きます。焚き火台に収まる長さがちょうどいい。

P132へGO! ◂◂◂ Q.焚き火台とバーベキューグリルの種類について知りたい

ATTENTION!

消火の準備は怠りなく!!

焚き火台を使っても直火の焚き火でも、必ず近くに水を用意しておこう！ 万が一、火事の危険があっても初期消火に役立ちます。また不意のヤケドもスグに冷やすと痛みが早く治ります。必ず水を用意してください！

焚き火台の下には鉄板の灰受けを置こう！

極意教えます

03

一番下に点火です

太い枝を置いたら、下にある古聞紙か着火剤に点火します。

04

パチパチ音でマキを加えます

枯れ枝に燃え移り、パチパチとはぜる音が聞こえてきたらマキを加えて着火完了です。

手軽で確実！

バーベキューグリルの使用方法

P57で紹介した、古新聞の「クルクル着火巻き」を使ってバーベキューグリルの上に置いた炭を着火させる方法をお教えします。新聞紙を一枚広げたら、対角線上に折り込んで作ります。きつくまとめてしまうとうまく燃えません。空気が入るように優しく巻いくのがコツです。

01

「クルクル着火巻き」を5～6個作る

上に炭を置くので、「クルクル着火巻き」はいくつか用意します。共同作業でお願い！

02

炭はピラミッド状に積むのです

「クルクル着火巻き」の上に必要量の炭を置きます。重ねて高く積み上げるのがコツ。

03

風上から点火します

風上から「クルクル着火巻き」に点火します。四方に点火すると着火が早い。

04

焦らずじっくり待ちましょう

炭に着火するまで触らないこと。炭から炎が上がりだしたらうちわで風を送れば着火します。

かまどの活用と石の組み上げ方

直火の炎を囲みながらだんらんの時間を！

かまどは焚き火を効率よく利用する先人の知恵。見習えば、少ないマキでも調理ができます。最近の主流は観賞用の焚き火ですが、マキも貴重な資源です。無駄に燃やさずに、調理にも利用するのが賢明でしょう。豪快な焚き火料理は、キャンプを盛り上げてくれますよ！

これは便利です！

キャンプ場のかまどを利用する

すべてのキャンプ場に設置されているわけではありませんが、多くのキャンプ場で見かけます。各サイトにこのようなかまどが設置されている場合は、その場所以外では直火禁止という意味でもありますので注意してください。

U字構を利用したかまど
各サイトに設置されているのは写真のようなタイプが多い。風向きに対して平行に置くのが上手に使うコツ。無料。

バーベキューエリアのかまど
これは別料金が発生するバーベキューエリアにあるかまど。キャンプ場によってはガスが使える。

蓄熱効果を利用する
かまどの種類と特徴

かまどを構成する材料は、写真のような石。ほかには丸太や土があります。構成材料が変わっても考え方は同じですから、キャンプ場で入手できる材料で作りましょう。風を上手に呼び込むことと、熱を逃がさない工夫が基本です。

石組みのかまど

最も知られているタイプ。開口部から風を入れ、循環させる考え方で、蓄熱効果は抜群です。

ハンタータイプのかまど

風の流れに平行に作り、燃えやすくするかまど。石の間に熱をためるので、大きなマキも燃えやすくなるのです。

実践すれば簡単
かまどの作り方

石組みのかまどに使う大きな石は、川岸のキャンプ場なら簡単に見つかるハズです。全員参加で作ると楽しいイベントになりますね。後始末は埋め戻しと、石を元の場所に返すこと。忘れずにお願いしますよ!

01 **まずは穴掘りから始めます**

かまどになる地面を少し掘っておこう。調理に使う場合は火床との距離が特に大事です。

02 **石を集めます**

できるだけ同じくらいの大きさの石を集めましょう。手袋を着用してケガを防ごう！

03 **石を組みます**

開口部を風上にし、かまどの上が平行になるように石を組みます。三方をふさげばいい。

04 **手持ちの網が載れば大成功!**

仕上げの段階では、網の大きさと相談しながら、安定するように調整してください。

STEP UP! ネイティブアメリカンの知恵

地面を少し掘ったら、先端を合わせてマキの先端だけを燃やします。先端を合わせたり離したりするだけで、驚くほど簡単に火力調節できるのです。お試しください。

キャンプで楽しむ炭火は不思議な熱源だ

炭の特性を知っておいしい料理を作ろう!

炭は木材が炭化したモノで、不思議な力がたくさんあるのです。例えば遠赤外線を出すこと。長時間安定して燃え続けること。煙が少ないこと。ほかにも脱臭効果や乾燥剤として有効なのです。調理で活躍するのは最初の3つ! 特性を知り上手に使ってください。

キャンプに適した炭を知る

炭の種類と特徴

炭は白炭と黒炭に大別できます。白炭は触っても手が汚れない備長炭が代表。黒炭は触ると手を汚しますが、着火が早く燃焼時間もホドホド。なかでも、ナラ炭が最もキャンプに適した炭だといえます。以下代表的な炭を紹介します。

キャンプ料理にはナラ炭がいちばん!

ナラ炭

着火が早く安定するキャンプには最適!

国産の炭が多く、においや形も最高です。燃焼時間も2時間くらいで、キャンプ料理には最適です。

備長炭

火力の安定さは随一! 着火に難点あり

硬質炭で長時間安定した火力を発揮します。ただ、着火から安定期までに時間がかかりキャンプには不適。

マングローブの炭

すぐ消えてしまいオススメできない!

東南アジアから輸入している。燃焼時間が短く火力保持が大変だ。安価なだけで魅力なし!

目に見えない力
炭火の効果

炭が炎を上げているときはまだ着火途中。誤解している人が多いので注意しよう。表面が白くなってきたら安定期。最も調理に使いやすい時期なのです。火力を上げるには、少し炭をいじって白い部分を落とします。

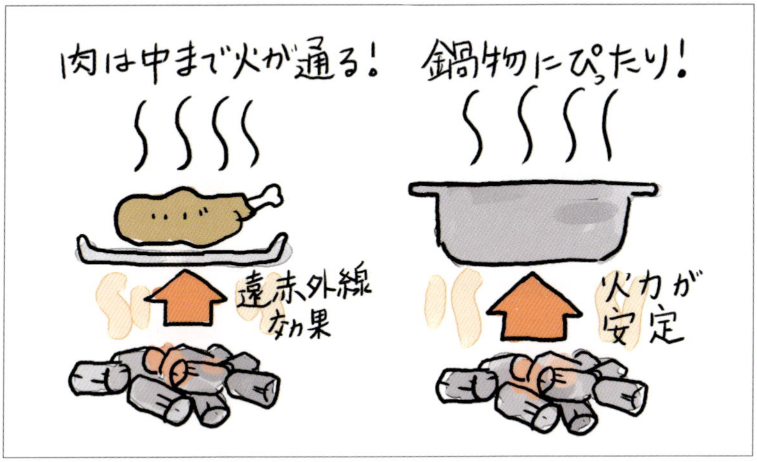

肉は中まで火が通る!
遠赤外線効果
鍋物にぴったり!
火力が安定

その1 遠赤外線を出します

遠赤外線は熱線ですから、風にも全く影響されずにダイレクトに食材を加熱していきます。

その2 長時間燃焼を続ける

代表的なナラ炭の場合、約2時間ほど安定した火力を保ってくれます。バーベキューに最適です。

強火と弱火
火力調節の方法

バーベキューグリルにも、強火と弱火のエリアを作ろう。着火した炭は白く見える部分が燃えています。逆に黒い部分は遠赤外線を遮っています。この原理と炭の密度を変えることで、火力調節は可能なのです。

炭火の置き方

強火 重ねて置けば火力はアップ!

炭を積み重ねれば、火力が集中するので強火になる。この置き方は、炭を完全に着火させるときにも有効だ。

弱火 平らに置けば火力はダウン!

炭を平らに配置すると、火力は分散して弱火になる。強火と弱火は、料理によって使い分けよう!

うちわの使い方

◎ 上から強くあおぐ

うちわは上から下げるときに力を入れます。ボウッ、ボウッと風を送るのがコツですよ。

× そよそよあおぐ

優しく風を送っても炭は着火してくれません。涼しい感じではダメなのです。

野外料理はここが違う！

お母さんに代わってアウトドアではお父さんが主役！

アウトドアで楽しみながら食べるおにぎりや即席ラーメンが、普段の味と格段に違うのは、私たちの五感すべてが、脳を刺激している証拠なのです。草木の香りや風の流れ、笑い声も脳は調味料としてとらえているのです。楽しむ気持ちがおいしさの秘訣ですね。

豪快に作って楽しむ

野外料理は男が仕切る

アウトドア料理では火を操る能力が重要です。限られた条件の下、短時間にお腹を満たす料理を完成させるには力技も必要になります。家庭ではナニもしないオトーサンたちは、男らしさの見せ場です。

社会を教えよう！

子どもと一緒に料理をする

小さな子どもに包丁を持たせるのは危険。しかし親が刃物の扱い方を教えるのに最適なのもキャンプです。野遊びや調理など、子どもも積極的に参加させて、フィールドのルールや食の常識を伝えていこう。

地物に触れる！

食材を現地調達する

流通が発達し、全国どこからでも旬の食材が手元に届くようになりました。しかし、いまだに地元でしか食べられない食材も存在します。新鮮さも地元食材ならでは！キャンプ場周辺で食材探しをしてみましょう。

きずなを深める！

家族みんなで食事をする

忙しい現代社会。みんな時間に追われて暮らし、食事も1人で済ます機会が増えています。しかしキャンプの食事は全員一緒がおきて！ 狭いテーブルは関係を密にするにも好都合。笑みがこぼれる食卓を演出してくださいね。

採りすぎ注意！

キャンプ場周辺で山菜やキノコを採る

キノコや山菜採りは楽しい仕事。図鑑片手に探してみるのも思い出になりますね。しかし山には必ず所有者がいますから、必ず許可を得てから入山しましょう。山菜といえども無断で採れば立派な窃盗ですよ。

「クンクン法」でおいしいごはんを炊く

五感をフルに使って極上のごはんを作る

「クンクン法」とは、私の「ごはん炊きの方法」です。時間だけではなく、音やにおい、火力に気を配って炊く方法なのです。炊きあがる時間の目安を書きますので、まずはソレをまねして挑戦してください。経験を重ねると「クンクン法」の極意が会得できるでしょう。ニヤリ!

米炊き真剣勝負!?

クンクン法の手順

3カップのお米をクッカー(鍋)に入れ、ツーバーナーを使って炊く手順を紹介します。今回の条件では23分で炊きあがれば完ぺきなハズ! 電気炊飯器よりも早く炊けますので、忙しい家庭でも応用可能ですよ。

01

コゲはコゲを呼ぶのです
使用するクッカーにコゲ跡があったら、キレイに取り除いてください。再び焦げる原因になります。

02

お米を研ぎます
精米技術が向上して、最近はすすぐ程度でおいしくなるようにできています。それでも水を換えながら4〜5回は研ぎましょう。

お米と同量に水加減する

キレイな水をお米と同量入れます。新米は1割減、古米は1割増量が基本。

お米に水を含ませます

キレイな水を入れたら30分間放置。フタをして、ホコリが入らぬようにしよう。

弱火からはじめる

30分後、バーナーに米と水を入れたクッカーを載せて、沸騰するまで弱火をキープ。

重しを置いて火力を上下する

鍋が沸騰したら、拳大の石を載せる。3分間火力を中火にし、超弱火に戻します。

開始から20分経過

ピチピチという音は水がない証拠。あと3分で完ぺき。5分でオコゲ。

15分蒸らして炊きあがり

フタを押さえて反転します。逆さにして蒸らそう。

ATTENTION!

微妙な加減が大事!
水の分量と蒸らしの話

お米によって水加減は微妙に変化します。上手に炊くには、お米の性質も知る必要があるのです。またお米に水を吸わせる時間がない場合は、1割増量の水加減で炊き始めます。仕上げの蒸らしも大事な時間。空腹でも15分の我慢は必要です。

STEP UP! 自信がなければ弱火キープ!

3分間、火力を中火にするのは、鍋の中で対流を起こし、水を均等に吸わせるため。しかしうっかりすると焦げの原因にもなるので、慣れるまでは弱火キープでいこう! 1カップ以下の米を炊くときも弱火キープが鉄則。

米炊き専用鍋は重し不要ですよ〜

極意教えます

刃物について知っておこう

アウトドアのあらゆるシーンで大活躍する必需品

刃物というと危険なイメージがあるが、アウトドアシーンでは欠かせない存在だ。調理用の包丁にはじまり、さまざまな機能が重宝するツールナイフ。焚き火の友はナタ類だ。さらにお気に入りの小型ナイフは、絶えず身に付けておくと、なにかと便利。

ご存じですか？

刃物の種類と特徴

キャンプで使う主な刃物の種類を解説します。刃物は嗜好品と思われていますが、キャンプでは実際に活躍する必需品なのです。さらに用途によって使い分けると長持ちして、結果、懐にも優しいのです。

トラベルナイフ

アーミーナイフに代表される

トラベラーと呼ばれるタイプが重宝します。ワイン抜き、缶切り、ハサミが使いやすい。

包丁

3本持つと便利です

刃渡りの長い野菜用。肉や魚用の尖った包丁。さらに果物用があれば、便利でしょう。

マルチツール

工具としても使えます

ツールナイフにプライヤー（小型ペンチ）機能が追加されたタイプ。工具機能が充実。

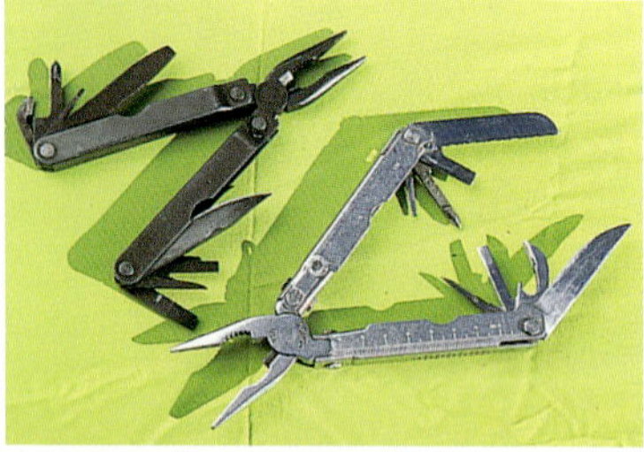

シースナイフ、フォールディングナイフ

好みが分かれる嗜好品的ナイフ

ケースに収納するのがシースナイフ。折りたためるのをフォールディングナイフと呼びます。

安全が第一！

ナイフの使い方

ナイフは包丁と同じく、よく切れる方が安全だといわれています。不要な力を加えることなく切ることが、安全への第一歩だと考えましょう。また刃先は他人や自分に向けないこと。飲酒中も使用禁止です。

ブレードロックは確実にする
オピネルというフォールディングナイフ。刃を出したら確実にロックして使おう。

確実に持ってスライドさせる
ブレードの背に親指を当て、下に向けて力を加えながら斜めに動かすと軽く切れる。

力の入るマキ割りです

ナタの使い方

ナタは主にマキ割りに使います。木を割るのですから、必然的に力も相当必要になります。万が一事故が起こると、大変なケガになる可能性もあるのです。笑われても構いませんので、慎重に扱いましょう。飲酒したら使用禁止！

01

軽く刃をマキに当てる
マキに至近距離からナタを当てます。間違っても大振りしてはいけません！

02

刃を食い込ませる
ナタの背を木で叩き、刃を食い込ませたら、全体を持ち上げて振り下ろそう。

もう一つの使い方
太いマキを燃えやすくする方法。マキに斜めにナタを打ち込み、ケバ立てる。

ATTENTION!

人に向けるのは×
刃先に注意してますか？

至近距離の隣人に向かってナイフを使ったり、自分に向けて木を削るなどは絶対に禁止。特に子どもたちは夢中になると見境がつかなくなります。ご注意くださいね。

ナイフに入れる力の方向が大事。斜めに動かしながら切る！ これが基本

STEP UP! マメに研いで切れ味を確保！

高価な包丁やナイフでも、いずれは切れ味が落ちてしまいます。私は安物の包丁を使っていますが、簡単に研げる道具を携帯して、頻繁に研ぐようにしています。写真はどちらも安価な製品ですが、充分に機能を発揮します。またこの程度の研ぎ器では高級ナイフを研ぐことはできません。

キッチンスペースの基本レイアウト

人の動きを考えて火器を配置するサイトレイアウト

料理するためには、調理器具が必要なのは当然。使えるスペースが限られたキャンプサイトでは、効率よくキッチンを設置することが大事です。キーワードは動線。人が動く線を確保してキッチンを設置すると、不要な事故もなくなり、快適なキャンプサイトができるのです。

安全で動きやすい
キッチンスペースを確保する

たくさんの道具を置くキャンプサイトは狭く、さらに食事のときのキッチン周辺は大忙し！　走り回る人も出ることでしょう。そんな忙しい時間帯でも、人と人とがぶつかることなく動けるような配置を考えよう。

キッチン付近は片側利用にする
メインテーブル側を人が動くように配置。ツーバーナーの向こうには調理台が設置してある。

メインテーブルは中央に配置する
メインテーブルからの移動は、どこに行くにも直線で行けるように配置する。

焚き火・炭火は離れた場所に設置する
人が集まるバーナーや調理台付近には、焚き火や炭火を設置しない（ツーバーナーで調理するのが前提）こと。

サイドドアから車に出入りする
ツーバーナーからもメインテーブルからでも、車内へ直線的に動けるように配置。

P88へGO! ◀◀◀ Q.炊事棟での食器洗いについて知りたい

安定感は抜群！

キッチンテーブルを利用する

市販のキッチンテーブルを利用して設置。収納時も大型で持ち運びには難点もあるが、非常に大きく安定したキッチンを構成できるのはうれしい。2泊以上の滞在型キャンプにはオススメだ。これだけ大きいと独立したキッチンになり便利だ。

ウォータータンクは独立させよう

重量があり、水跳ねを起こすタンクは、独立したスタンドに置く方が使いやすい。

食器乾燥ネットをかける

ランタンスタンドに食器乾燥ネットを掛ける。日中は不要なスタンドを利用。

ツーバーナーも安定して置ける

大型のツーバーナーはなかなか安定して置ける場所がないが、これは大丈夫！ 確実に安定します。

使いやすい調理台は大変便利です

センターに位置し、移動が簡単だ。また目の前にはフックがあり、調理小物を掛けることができて便利だ。

ランタンハンガーも付いてます

夕方以降にほしくなるランタンの明かり。キッチンテーブルには左右ふたつもランタンハンガーがある。

気持ちよく調理

炊事棟の使い方

炊事棟はキャンプ場に訪れたみんなが共有して利用する場所です。個人のわがままで汚したり、占有してはいけません。こらから紹介する基本的ルールを守りましょう。

汚れを拭き取り気持ちよく

使用後はシンクを簡単に拭き取ろう。次に使う人を思いやる気持ちを忘れずに！

流水を活用しよう

魚をさばくときなどは、流水を使うと効率よく作業できる。炊事棟は便利です。

ATTENTION!

炊事棟のゴミについて考える

炊事棟で料理の下ごしらえをすると、必ず出るのが生ゴミ。指定のゴミ袋を用意して処理しますが、炊事棟にゴミ捨て場がない場合は、必ず自分のサイトに持ち帰り、ほかのゴミと一緒にキャンプ場のルールに従って処理します。

【メインディッシュ】

シンプル・ローストビーフ

ダッチオーブンと金属製の中敷きがあれば、簡単にローストビーフができます。薄い塩味ですので、お好みで和風のワサビじょう油や洋風のつぶつぶマスタードをつければ相性よく仕上がります。

調理時間
45分

材料 4人前

牛肉肩ロースブロック …… 800g
塩 …… 適宜
練りワサビ …… 1本(チューブ入り)
しょう油 …… 適宜
粒マスタード …… 適宜

〈作り方〉

1 牛肉ブロックの全面に塩をもみ込む。出てくる水気は軽く拭き取っておく。その間にダッチオーブンを高温にプレヒート(火にかけて熱すること)をしておこう。プレヒートが済んだダッチオーブンを火から下ろし、牛肉ブロックに焼き色をつける。向きを変えながら全面にコゲ色をつけよう。肉に焦げ目がついたら取り出し、ダッチオーブンには中敷きを入れて弱火にかけておく。

2 中敷きの上にコゲ色をつけた牛肉ブロックを置き、フタをして焼き始める。上下に火種を置こう。火力は上火が中火、下火を弱火にする。

3 30分ほど焼いたら肉の中心まで金串を刺す。5秒数えてから引き抜き、唇に当てて温度を感じる。金串が温かければできあがり。冷たかったらもうひと息の合図だ。肉用温度計を使う場合は55℃ができあがりの目安だ。ぜひ覚えておこう。

4 ダッチオーブンを火から下ろして、常温に戻るまで冷ましておく。すぐに肉を切り分けると肉汁が流れ出てしまうのだ。

5 肉が触れる程度まで冷めたら、薄く切り分けて食べる。好みのしょう油やマスタードでどうぞ!

肉のうまみを閉じこめるダッチオーブンの威力！

〈手順&コツ〉

1 牛肉に焼き色をつける
塩をていねいにもみ込んだら軽く水気を拭き取り、高温にプレヒートしたダッチオーブンで焼き色をつけます。ヤケドに注意です。

2 弱火でじっくり焼く
中敷きを置いてから肉を載せます。弱火でじっくり焼くのがコツです。もちろんフタにも火種を置きます。上下火力ですよ。

3 55℃ができあがりの目安
温度計を使う場合は、中心温度が55℃になったら火から下ろします。金串でもできますからゼヒやってみてください。

POINT! プレヒートは2段階必要です。最初は高温、一度火から下ろしたら低温にプレヒートしてください。

【ごはん】

野菜のお粥・中華風

瓶詰めのメンマやザーサイを使って簡単にできる中華ゴマ風味のお粥です。たっぷり野菜とコクのあるうまさのお粥は、胃袋と心に優しく染みてくれますよ。お粥を煮るのに少し時間はかかりますが、待つだけが仕事のような簡単料理です。

調理時間
60分

材料 4人前

お粥

米	2カップ
水	12カップ
ピーマン	2個
赤ピーマン	1個
トマト	2個
キュウリ	1本
タマネギ	1個
ザーサイ	1瓶
メンマ	1瓶

タレの材料

ゴマペースト	大さじ10
おろしニンニク	大さじ2
おろしショウガ	大さじ2
塩	小さじ2
しょう油	大さじ10
みりん	大さじ6

〈作り方〉

1. お米を研いだら、鍋に入れて6倍の水を加えて火にかける。弱火でコトコト1時間煮込みます。
2. その間に仕事を少し……。適当な器にタレの材料を混ぜ合わせ、水で2倍に薄めたらタレは完成です。
3. 野菜と瓶詰めの惣菜はすべて細かく刻んでおけばよいが、シャキッとした食感が残る程度にとどめることがコツです。
4. お粥ができたら火から下ろし、シャキシャキ野菜とメンマやザーサイ、好みの量のタレをかけて食べてください。

〈手順&コツ〉

1 **弱火でお粥を煮込む**

お粥の煮込みは弱火です！ 炭火や焚き火を使うときは火力には気を付けてください。

瓶詰め惣菜で手抜きする中華風お粥を作ります

POINT!

細々と材料が必要なタレは自宅で多めに作って出かけると、キャンプ場では手間が省けます。

2 自分の好みにアレンジ

タレの配合は私の好みです。ご自分流にアレンジするのも楽しいでしょう。野菜と惣菜の切り方は適度に小さくが基本です。食感を残すのがコツです。

【子どもが喜ぶ料理】

お餅の二色ピザ

オーブンを使わずにフライパンで作ります。だからとっても簡単ですよ！キャンプサイトのテーブルにバーナーを載せて、みんなでワイワイガヤガヤ料理してください。笑顔が似合うお餅のピザです。

調理時間
15分

材料 4人前

餅	8～12個
市販のピザソース	適宜
マヨネーズ	適宜
ピザ用チーズ	適宜
タマネギ	適宜
ピーマン	適宜
サラミソーセージ	適宜
ドライバジル	適宜
しょう油	適宜
オリーブオイル	適宜

ゆでエビ、シーチキンなど好みで適宜

〈作り方〉

1 餅を5㎜くらいに切り分けておく。タマネギ、ピーマンは細かく切り分けておこう。サラミも薄切りにしてから細かく切る。

2 フライパンにアルミホイルを敷いたら、薄くオリーブオイルを塗る。そこに餅が重ならないように敷き詰める。後でふくらむので少しすき間を空けましょう。

3 敷いた餅の半分にピザソースを塗り、残り半分にマヨネーズを塗る。好みの具材をトッピングしたらチーズを載せます。フタをして火に弱火にかけてください。

4 弱火で5分ほど待ち、チーズが溶けて餅がふくらんだらできあがり。マヨネーズの部分に少ししょう油を垂らして食べるとうまいです！

〈手順&コツ〉

1 餅が重ならないように置く

餅はすき間を取りながら並べます。膨らむからね……。

子どもが調理の主役かな? みんなで楽しむ餅ピザです

3 チーズを載せてフタをする
好みの具材を載せたらチーズです。フライパンのフタはピッチリしてください。

2 彩りよく色分けする
好みですが、マヨネーズとピザソースで2色に分けて塗りました。

POINT!
最初にフライパンで型を取りながらアルミホイルのお皿をたくさん作っておこう!
これに材料を準備をしておけばドンドン焼けて楽しいよ! フタがないときはアルミホイルで代用しよう。

調理時間 25分

【鉄板焼き料理】

鮭のタマちゃん焼き

今や誰でも知る存在になった鮭のチャンチャン焼き。今回は少し調理方法を変えて新しい風味に挑戦しました。鮭にタマネギを挟み、味噌もゴマ風味に仕立てています。つけ合わせの野菜は好みのモノを使ってください。

秋の定番！
パーティーメニューの
ニューバージョン

〈作り方〉

1 鮭の身に5㎝間隔で横に切れ目を入れましょう。鉄板にサラダ油を熱したら鮭の皮を下にして置き、切れ目に薄切りにしたタマネギを挟み込みます。アルミホイルを全体にかぶせてしばらく焼きます。

2 この間にAの材料を合わせて味噌ダレを作っておきます。アルミホイルをめくり、鮭の身の色が変わっていたら味噌ダレをタップリ塗ってください。

3 味噌の香ばしい香りがしてきたら、切れ目の部分から取り分けてお皿に取って食べてください。

〈手順＆コツ〉

1 **鮭にタマネギを挟む**
5㎝間隔で入れた切れ目にスライスタマネギを挟みます。風味づけと切りやすくするためです。

2 **弱火をキープしよう**
アルミホイルをかぶせて弱火で焼き上げます。鮭の色が変わるまで焼きましょう。

3 **味噌ダレはタップリと**
味噌ダレを塗ります。鮭に火が通ってから塗ると焦げ付きが少なく済みますよ。

POINT! 味噌ダレは味見をしてお好みに配合を変えてください！

材料 4人前

生鮭	半身1枚
サラダ油	適宜
タマネギ	2個
A	
味噌	1カップ
日本酒	1/2カップ
おろしニンニク	2片
長ネギのみじん切り	1本分
砂糖	大さじ2
ゴマ油	大さじ1

調理時間
15分

【網焼き料理】

炭火会席

小さな七輪に食材をひとつずつ丁寧に載せていく。焼ける食材と奥の炎を見つめましょう。調味料は会話です。素材の味を引き立てるのは本物の塩としょう油。柑橘類とコショウは脇役です。

材料 4人前

牛肉	適宜
ギンナン	適宜
シシトウ	適宜
厚揚げ	適宜
山芋	適宜
ピーマン	適宜
シイタケなど好みの食材	適宜
カニ足（冷凍可）	適宜
天然塩	適宜
粗挽きコショウ	適宜
本物のしょう油	適宜
レモンやゆず	適宜

炭火で食材を焼く 野外料理の原点を楽しむ

用意してほしいものが3つあります。まずは七輪。今ふうのバーベキューコンロではダメ！ 小さな炎を近い距離で囲める七輪が必要なのです。炭も必要です。バーベキュー用チャコールという比較的安価な炭ではなく、国産のナラ炭を用意しましょう。香りが断然違います。

さて調味料です。ここでは市販の「何々のタレ」は一切使わず、天然塩と本物のしょう油と用意します。好みでコショウ、レモンやゆずなどを使うのは構いませんが、出来合いのタレはご法度です。人数分の小皿を用意して各自が手元に調味料を用意しておき、自分で味付けするのが基本です。あとは気の合う仲間が4〜5人いれば準備完了です。

〈作り方〉

1. 大きな野菜は食べやすく切り分けるが、基本的には丸焼きを心がけ、包丁はなるべく使わないようにする。山芋は皮付きのまま薄切りにして焼こう。
2. 牛肉は焼きながら塩・コショウをすること。シイタケは包丁を入れずに焼く。茶色のカサの部分を下にして焼き、絶対にひっくり返してはいけない。ヒダの部分に小さな水滴が出てきたら食べごろだ。いしづき付近には火が通らないので、後で焼き直すこと。ピーマンは丸ごと焼く。表面が焦げてしんなりしたらできあがり。冷凍ガニもキュッと身がしまりプリプリの極上ガニに変身する。

POINT! 小さな炭火の暖かさを感じながら、ゆったり過ごす時間こそ野外料理の基本なのです。

ジャンル別レシピ集

調理時間 **15分**

【 フ ラ イ パ ン 料 理 】

バジル風味で川魚のムニエル

しゃれた料理の代表みたいなムニエルも、キャンプの夕食に対応する手軽さで楽しめます。バジルソースで食べるので、川魚特有のにおいもなくなり、食べやすいですよ。

まとめて焼くなら鉄板が便利です！

〈作り方〉

① 川魚はワタとエラを取り除き、ぬめりをよく洗って、軽く塩・コショウをしておきます。

② 魚の水気を拭いたら、ビニール袋に入れて小麦粉を全体に薄くまぶします。

③ フライパンか鉄板にバターを溶かし、魚を入れて強火で30秒焼く。弱火にしたらフタをして5分ほど焼き、裏側も同様に焼く。

④ この間にバジルソースの材料を混ぜ合わせ、付け合わせのマッシュポテトの用意をします。

⑤ 器に盛りバジルソースをかけ、付け合わせ野菜を彩りよく添えたらできあがりです。

〈手順＆コツ〉

1 小麦粉をまぶす
塩を振り、汗をかいたマスの水気を拭き取って、粉をまぶします。ビニール袋を使うと簡単です。

2 まずは強火で30秒
たくさん焼くときは鉄板が便利です。炭火を調整して強火と弱火の部分を作りましょう。

3 弱火で5分
裏返して両面をコンガリ焼いてください。鉄板でもアルミホイルでフタをすると時間短縮です。

POINT! 火力の強弱で、表面はパリッ！中身はシットリ！

材料 4人前

川魚（マス）	4尾
食塩	少々
コショウ	少々
小麦粉	適量
バター	大さじ4
バジルソース	
オリーブオイル	大さじ2
レモン汁	大さじ2
塩	少々
コショウ	少々
乾燥バジル	小さじ2/3
付け合わせ	
パセリ	少々
マッシュポテト	適量

※ビニール袋を用意してください。

調理時間 90分

【簡単スモーク】

シシャモの燻製

量販店やアウトドアショップで販売している小型のスモーカーや中華鍋で簡単にスモークします。キャンプサイトに最適で手軽な燻製です。

気軽に作ってスグ食べる黄金色の燻製

材料 4人前

シシャモ …………… 12尾
フェンネル …… 小さじ1
塩水…． 塩小さじ1に対し水大さじ2
スモークチップ…． 1カップ

〈作り方〉

1 シシャモに塩水を塗る。表面にたっぷり塗ったら軽く拭いて1時間乾燥させます。

2 スモークチップにフェンネルを混ぜておく。シシャモをスモーカーに入れ、約100℃で30分ほど燻煙をかければできあがり。

〈手順&コツ〉

1 塩水を塗る
ハケで塩水を塗り拭き取ります。乾燥もお忘れなく。

2 ハーブを混ぜる
スモークチップにハーブを混ぜるのは、ほかの燻製にも応用できる裏技です！

3 いぶしてできあがり
スモーカーの一番下に熱源を置いていぶす。100℃で30分が目安。

POINT! 鍋底にチップを入れ、焼き網を置いてシシャモを載せれば中華鍋でも作れます！

調理時間 90分

【パン】

カウボーイブレッド

ダッチオーブンひとつで、発酵から焼き上げまで可能なシンプルブレッドです。牛追い男たちの胃袋を満足させた調理方法だから、簡単なのも当然です。最新キャンプを楽しむカウボーイたちにもオススメ！

西部の主役
カウボーイが
焼いていた！

〈作り方〉

1 ダッチオーブンをプレヒートして40℃くらいに温める。適当な器にバターを溶かしておく。

2 温めたダッチオーブンに強力粉を入れ、ドライイースト、塩、砂糖、溶かしバターを粉の上に別々に載せる。粉の上のドライイーストをめがけてぬるま湯を一気に注ぎ、手の指を広げてかき混ぜよう。

3 ひとまとまりになってきたら手に打ち粉をつけて、生地をもんで鍋底に叩きつける。生地に弾力が出るまでこれを20回繰り返す。暖かい濡れふきんなどを生地にかぶせたら、30分間1次発酵させる。寒い時期は焚き火の側に置き、お風呂くらいの温度を保つこと。

4 発酵が完了した生地を8等分して、打ち粉をして丸める。ここで再び鍋に戻し、20分間2次発酵させる。鍋の温度はお風呂程度をキープ。

5 生地の表面に溶かしバターを塗り、焼きに入る。ダッチオーブンをプレヒートする。希望温度は170℃だが、弱火を保って焼き上げよう。上と下の火力は2対1がベストだ。15分程で1度チェックして、20～25分程で焼きあがれば完ペキです！

〈手順&コツ〉

1 1次発酵させる
まとめた生地は暖かい濡れふきんで覆う。湿度と温度管理が大事です。50℃を超えると失敗します！

2 2次発酵させる
中敷きを敷いたら、小分けした生地を20分間2次発酵。時間がきたら溶かしバターを塗って焼く。

POINT! 生地を一度取り出して、やや高温にプレヒートすることがコツです。

材料 4人前

カメリヤ

強力粉	4カップ
ドライイースト	10g
塩	8g
バター	20g
砂糖	30g
ぬるま湯（お風呂の温度くらい）	270cc
焼き色用の溶かしバター	10g
打ち粉用の粉	適宜

※ダッチオーブンの中敷きを使用する

調理時間
15分

【酒のつまみ】

ブルーチーズのクリームディップ

人気のゴルゴンゾーラというブルーチーズを使います。独特の香りがあるため、苦手という人も多いでしょうが、こうして料理すると実においしいので、勇気を出して挑戦してください！

材料　4人前

フランスパン	適宜
ベーコン	10枚
白ワイン	1カップ
クリームチーズ	200g
ゴルゴンゾーラチーズ（ブルーチーズ）	50g
生クリーム	100g
塩	適宜
コショウ	適宜
パセリ	適宜

〈作り方〉

1 フランスパンを1㎝くらいに切ってコンガリ焼く。バゲットがオススメです。

2 フライパンに刻んだベーコンを入れ、中火で炒める。ベーコンから油が出たらワインを加え、さらに2種類のチーズを加える。チーズは小さく切ると溶けやすい。

3 弱火で8分煮詰めてアルコール分を飛ばします。さらに生クリームを加え沸騰したら、刻んだパセリを加え、塩・コショウで味を調えてできあがり。焼いたパンに添えてつまみます。

〈手順&コツ〉

1 ベーコンを炒める
ベーコンは弱火で炒めて油を出そう。多めに使うと塩不要になる。ワインのアルコールは8分煮ると飛んでしまいます。

2 生クリームを入れる
生クリームは仕上げに使い、沸騰したらスグに火から下ろしてください。塩とコショウで味を調えましょう。

ワインにピッタリ！ブルーチーズ嫌いでも大丈夫

POINT! チーズを減らして野菜を加えてもOK！ またパンに代えてパスタを使ってもGOOD！

焚き火や炭の後始末

キャンプ場へ再び訪れる日を思い現状復帰を心がける

焚き火跡は、登山家の間ではファイアーピットと呼ばれ、遭難した際には人の形跡として役立つこともあるようですが、大勢が利用するキャンプ場では必ず痕跡を消して帰ろう。自分が再び訪れる気持ちと、次に利用する人や自然に対する思いやりの心を忘れずに!

これで完ぺき!

焚き火の後始末方法

最初に地面を少し掘り起こしてから、焚き火を開始することが大事です! コレを怠ると、始末がとても大変になってしまいます。携帯スコップと火バサミ、ゴミ袋と水を用意しますが、キャンプでは必需品ばかりですね。

水をかけて完全に消火します

燃え残りがないように水をかけて完全に消火します。

01

燃え残りはゴミ袋に集めよう

キレイに燃やすのが理想ですが、燃え残りがあるときは、袋に集めて燃えるゴミにしてください。

02

小さな灰だけを残します

灰には水を浄化する力や、土壌回復などの有効成分を多く含んでいますから、土に残しても大丈夫。

03

掘り起こした土で埋め戻します
埋め戻しができるので、最初に掘っておきたいのです。

足で固めて現状復帰！
これで完了！ 気持ちよく帰れますね。ご苦労様でした。

これも省エネ？ 消し炭の再利用方法

一度燃えて残った炭を「消し炭」と呼びます。着火が早くて、とても便利な炭なのです。無駄を嫌う先人たちの知恵ですから、積極的にまねしましょう。炭も最近は高価になってきましたよね。

水に浸けて消火します
バケツに水をたっぷり汲んで準備し、そこに大きな炭の燃え残りをひとつずつ入れます。

水を吸わせて完全消火です
炭から気泡が出なくなるまで水に浸けておくと完全に消えます。

冷めたら収納します
触れる程度まで冷めたことを確認したら、適当な容器に入れて持ち帰ります。

天日で乾燥させる
帰宅後、晴天を利用して乾燥させたら、再利用できます。着火用の炭に最適です。

ATTENTION!

焚き火を使ってゴミを減らす
空のペットボトルを小さくする方法。写真では燃やしているように見えますが違います。燃やせば猛毒のダイオキシンが発生するので×。キャップを外し、あぶって溶かすのです。足で踏みつけるとさらに小さくなります。

極意教えます

何事も始末を考えてから開始するベシ！

野外流 食器の後かたづけ

拭き取ってから洗うのが野外流の基本

水源地に近いキャンプ場でも、下水処理が完ぺきなところはありません。できるだけ残飯や生ゴミを流さないことが、環境汚染を最小にする基本です。汚れた鍋やお皿は拭き取ることからはじめましょう！ コレだけで洗浄も楽になり、汚染も少なくできるのです。

みんなで使う公共施設

炊事棟での食器洗い

炊事棟はキャンプ場を楽しむみんなが利用する施設。思いやりの気持ちを忘れずに清潔に使いましょう。生ゴミを始末するのは当然のことです！ 利用後にシンクをきれいにする余裕もほしいところです。

01

洗浄前に拭き取ろう！

残飯や生ゴミはキッチンペーパーを使い、キレイに拭き取ってから洗うようにします。

POINT!

ゴム手袋のススメ

例えお湯が出る炊事場でも、手袋があるとお手伝いを頼みやすくなるので必携です！

02

水を汚染しない洗剤を使う

使用後に有機分解して無害になる洗剤が市販されています。キャンプ場で利用しよう。

環境に優しいキャンプ用洗剤

市販されている一例。ほかにも無害な洗剤がありますから積極的に使用しよう。

簡単にできる！
野外流食器洗い

熱湯とキッチンペーパーで簡単に処理する方法です。使用する水の量が少ないため、場所を選びません。洗剤も使わないので、自分のサイトで処理できてしまうのです。次回使用するときは熱湯をかけて、拭いてから使います。

大きな汚れを拭き取ります
食器に残った残飯や汚れは、キッチンペーパーでキレイに拭き取っておきます。

お湯を沸かして準備しよう
適当な鍋にお湯を沸かします。4人分の食器で1ℓ程度が目安です。

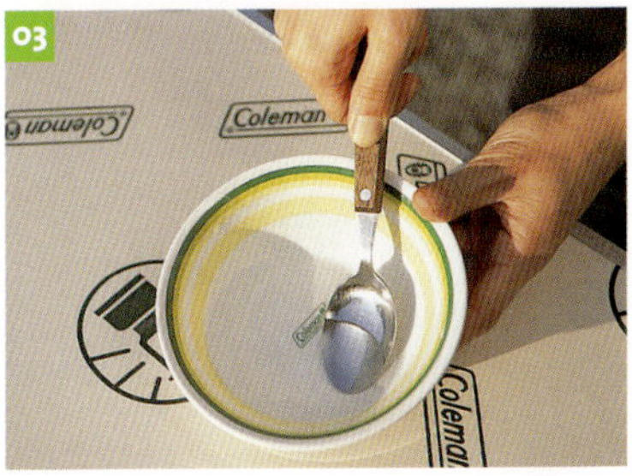

熱湯を入れてすすぎ洗い
スプーンやフォークなどを使って、食器の汚れをこすり落とす。同時に両方洗うつもりでやろう。

拭き上げれば食器洗い終了です
お湯を何度か取り替えながら食器を洗浄したら、最後はキレイなお湯を入れ、拭いて完了です。

匠の技に驚き！
焦げの落とし方

熱した鍋を急激に冷やし、熱膨張の変化を利用してコゲを浮かす「ヒートショック」という方法です。過激なのでアルミ鍋は溶ける場合がありますし、鋳物のダッチオーブンは割れるので絶対禁止ですよ！

頑固なコゲほど試してほしい
ハズカシながら私の鍋です。長年にわたり、金タワシなどでこすっても落ちません。

煙が出るまで空焼きします
鍋から煙りが出るまで空焼きします。慣れないとちょっと怖いかな～？ ヤケドに注意して！

鍋をイッキに冷やしましょう！
炊事場のシンクに水をためておき、熱くなった鍋を入れます。少し置いてから鍋にも水を入れよう。

ダイブキレイになりました
01の写真とくらべてください。効果がわかります。過激な方法なので、頻繁には行なわないようにね。

COLUMN

達人のオートキャンプ噺（ばなし）

その3

季節を取り込む「野めし」のススメ

現地で直接手に入れた食材を使ったアウトドア料理を「野めし」と呼んでいる。難しいことは何もなく、直火と旬の材料を大事にした料理のことだ。

さて、オートキャンプ初心者がいきなり野外料理を作れと言われても、何が野外料理なのかわからず、途方に暮れてしまうこともあるだろう。しかし冷静に考えてみれば、世の中に野外料理というメニューが存在しないことに気付くはずだ。普段食べているメニューを屋外に持ち出せば、それが野外料理として通用するのである。ラーメンでもゆで卵でも構わない。野外で調理することが野外料理だと、まずは理解してほしい。

宴会の鍋奉行が、そのまま野外の鍋奉行に変身すればいいのである。

浮き出るアクをすくい取り、ポイポイと撒き散らす快感は、子どものころの戯れそのもの。無条件で童心に帰れる楽しいひとときなのだ。

PART 4

撤収はスマートに美しく！

撤収とは帰宅準備のことです。楽しく過ごした時間を思えば、心と体は重くなるもの。ただ、撤収時から次のキャンプははじまっていると考えたらどうでしょうか。道具を美しく収納できれば、きっと「またキャンプがしたい！」と思うはずです。ひととおり道具の使い方をマスターしたら、リペアとメンテナンスの方法も覚えておくといいでしょう。

CHAPTER 1
スマートに撤収する

テントサイトのかたづけ方

8つの手順を覚えて効率よく撤収しよう！

楽しい時間はなぜかアッという間に過ぎてしまうモノ。キャンプ場で過ごす時間も同じです。帰宅の準備には、どうしてもかたづけが必要！これさえなければキャンプはもっと楽しいのに……と、誰もが思う面倒な作業ですが、手順を守れば効率よく短時間で終了します。

手順を決めてスムーズに！

テントサイトの撤収方法

撤収には指示を出すリーダーがいると、作業はスムーズに進行します。リーダーは手順を記憶して指示を出し、参加者全員で効率よく撤収するようにしてください。憂うつな雨の日の撤収でも1時間が目安です。

01

テント内の撤収から始めよう

まずはテント内をかたづけます。シュラフ、マット、個人の私物と、すべて収納します。テントから荷物を出して、車の後方に置いておこう。雨の日はタープの下にまとめておきます。

キッチン関係を撤収する

食器やクッカーの洗い物係と、キッチンまわりをかたづける係に分かれて作業します。洗った食器類はテーブルに置いて乾燥させましょう。

02

STEP UP! ブルーシートが活躍する

袋やケースに収納した荷物は汚したくありません。そんなときは、量販店でも安価に買えるブルーシートを車の後方に敷いておくと便利です。ない場合には、テントの下に敷くグラウンドシートを応用するのもいいでしょう。

P136へGO! ◂◂◂ Q.車への上手な積み込み方を知りたい

食器類とキッチン関係を収納

食器類を乾かしたらケースに収納します。同時にキッチンテーブル関係も収納して車の後方に置きましょう。

テントやチェアなどを収納します

テントを撤収し、チェア類もかたづける。袋に収納したモノは、テーブルに置いて確認してから車の後方に置く。

メインテーブルの撤収

メインテーブルは撤収中の仮置き場にするので、最後に収納しましょう。雨の日はこの段階で車内に積みはじめます。

タープの撤収です

ここまでくればもうひと息！ ガンバッテ〜。雨の日はタープ以外を車に積んでから撤収します。

段取りよく車に積み込もう

後方視界を確保できるように積載しよう。四角いモノ、大きなモノを先に積み、水平にするのがコツです。

すべて積み込んだら完了！

荷崩れしないように確実に押さえることが大事です。私はゴムロープも使って固定しています。気をつけて帰宅しよう！

テント内撤収と洗い物を先に済ませること！

極意教えます

STEP UP! 濡れモノがあればゴミ袋に収納する

雨の日に撤収すると、必ずテントとタープは濡れています。そんなときは無理に収納袋に入れず、大きなゴミ袋に入れて帰宅します。帰宅後に乾燥させてから正規の収納袋に納めると、車内も濡れずに快適ですよ。

テント&タープの上手なしまい方

設営と逆の順序をたどるのが基本

設営時とは逆の順番で作業するのですが、オートキャンプで使用するテント類は相当大きく重いので、少しのコツが必要となるのです。キチンとケースに収納して、次回も快適に使えるようにするだけなのですが、時折困っている人を見かけます。

乾かしてから収納する

テントのしまい方

テントにはドームテントとロッジテントの2種類があることは前記しました。ここでは、より大型で収納に手間取るロッジテントを例にして、収納の方法を紹介します。まずはテントを乾かすことからはじめてください。

01
ペグを抜いてフライシートを外す
地面に固定しているペグを抜くのが最初の仕事です。内側の固定テープも外してください。

02
インナーテントを取り外す
ポールに吊り下げてあるフックを外しながら、寝室部を取り外します。

03
ポールを撤収する
ジョイント部を破損しないように注意しながらポールを分解。キレイに拭いて収納します。

STEP UP! グラウンドシートも乾燥させよう!

大型テントではツイ忘れがちなのが、グラウンドシートの乾燥です。裏返して乾燥させます。インナーテントのグラウンドシートは、ポールを分解する前に起こして乾燥させましょう。

インナーテントを折りたたむ
グランドシートを広げた状態で、余ったサイド部の空気を抜きながら内側に折り込む。

グラウンドシートを外側にたたむ
この段階では大きく2つか3つに折りたたんでおく。四隅を押さえてたたむのがコツです。

ケースの大きさに合わせてたたむ
ケースを置き、大きさを合わせてたたむ。フライシートも同様。まとめて収納します。

2人でやろう！
タープのしまい方

タープにはいろいろなタイプがありますが、ここでは最も普及しているヘキサタープを例にして、撤収方法を紹介します。大きくて自立しないポールもあります。2人で作業すると安全にできますよ。

サイドのペグとロープを外す
メインポールを残し、サイドから外す。抜いたペグは1カ所にまとめて忘れないように！

メインポールを倒します
ロープをペグから外し、メインポールも外して収納。ここですべてのペグを抜く。

短いところに合わせて畳む
このタープは緑色部がサイド側で短い。ココを合わせて中央から2つに折る。

はみ出す部分を内に折り込む
ポールを支える部分は大きくはみ出します。ここを内側に折って長さを揃えよう。

ケースに合わせてたたみます
ケースに大きさを合わせるようにたたんで収納。ポールやペグも忘れずに！

ときどき折り目を変えれば耐久性が向上します！

極意教えます

STEP UP! ロープを上手に収納しよう！

からんでしまうと使えないロープは、キチンと巻いて収納しよう。ロープを保管用に巻く方法はたくさんありますが、ここではテントやタープの短く細い張り綱に適した方法を紹介します。次回も簡単に使えるように収納・保管することが目的ですから、あなたの使いやすい方法を探してください。

ロープの端から折り返して、芯になるようにする

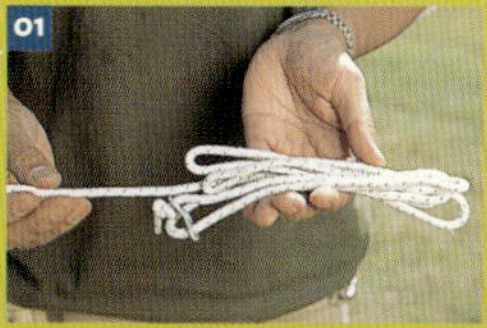

芯を棒状に束ねて、コイル状にロープを巻きつける

ロープの端をループすべてに潜らせておく

反対のループをひとつ引けば固定して完成！

シュラフ&マットのしまい方

コンパクトにまとめて美しく収納！

シュラフ（寝袋）やマット（特にエアマット）を収納する袋は、コンプレッションバッグと呼ばれ、押し込んで小さくたためるようにできています。このことを知らずに、普通の感覚でたたんでしまうと、入らない！ なんてことになるのです。絞るようにまとめるのがコツですよ。

空気を抜いて収納する
シュラフのしまい方

マミー（ミイラ）型で化学繊維を使用するシュラフを想定して収納方法を紹介。ダウン（羽毛）を使ったシュラフも同じ方法で構いません。シュラフは空気を含んで膨らみ、保温する構造。収納時にはこの空気を抜く必要があります。

まずは広げてからファスナーを閉じる

慣れるまではこのようにテントの中で収納するようにしましょう。広げて置いたら、ファスナーを閉めて頭部側に座ります。

01

収納しやすいように幅を揃えてたたみます

マミー型のシュラフは肩幅付近が広く、足先が細くなる構造です。細い足先に揃えるようにたたんで幅を揃えます。

02

STEP UP! ダウンシュラフ専用の収納方法

収納袋に足先部分から順に押し込むだけ！ この方がダウンを傷めないという意見もあります。私的には、収納時の形が不細工で好きではありませんが、記憶にとどめておいてください。

頭部側から巻いていく

幅を揃えたら、頭部側から巻いていきます。強く巻き込むようにして、含んでいる空気を抜きながら巻こう。

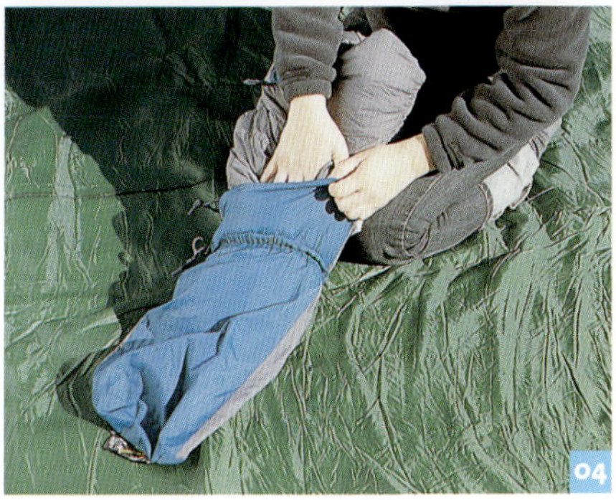

収納袋に押し込みます

コンプレッションバッグですから収納袋は小さくできています。巻いたシュラフを押し込んで収納完了。

封筒型シュラフの収納方法

封筒型は幅が均等で、収納袋は大きめにできています。空気を抜きながら丸めるだけで大丈夫。

主流はエアマット
マットのしまい方

快適な睡眠をもたらしてくれるエアマットに人気が集まっています。人気の秘密は快適性だけではなく、軽量でコンパクトに収納できる点にもあるようです。しかし収納には少しコツが必要なのです。

マット内の空気を抜きます

肩付近にあるエアバルブを緩めて、中の空気を抜く準備をしましょう。

収納袋に幅を合わせる

近くに収納袋を置き、サイズを合わせて折りたたみます。使用面（背中が当たる側）を内側にして折り込もう。

空気を抜きながら巻いていきます

体重をかけながら空気を抜きつつ巻きます。油断するとスグに空気を含みますから、ていねいに作業しよう。

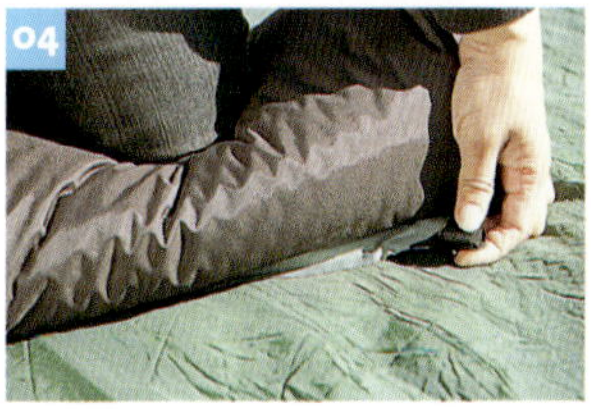

空気を抜くコツは膝を使うこと!

膝に体重をかけながら空気を抜くのがコツ。巻き終えたらエアバルブを閉じて収納です。

そのほかのアイテムのしまい方 ❶
食器

ホーローなど丈夫な素材で作られているアウトドア用食器。堅牢そうに見えますが、表面は傷つきやすいのです。揺れる車での移動を考えて、緩衝材を挟むことをオススメします。

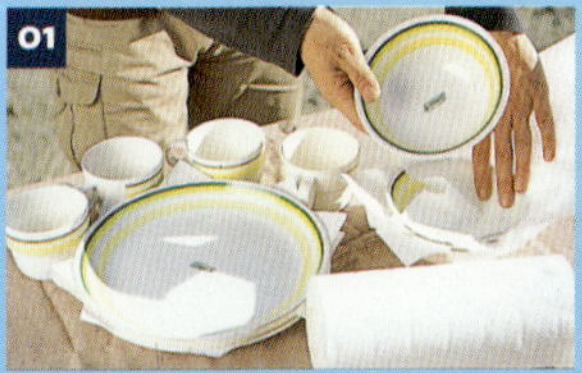

キッチンペーパーを使う

洗浄したらキッチンペーパーを緩衝材に使います。清潔感があります。

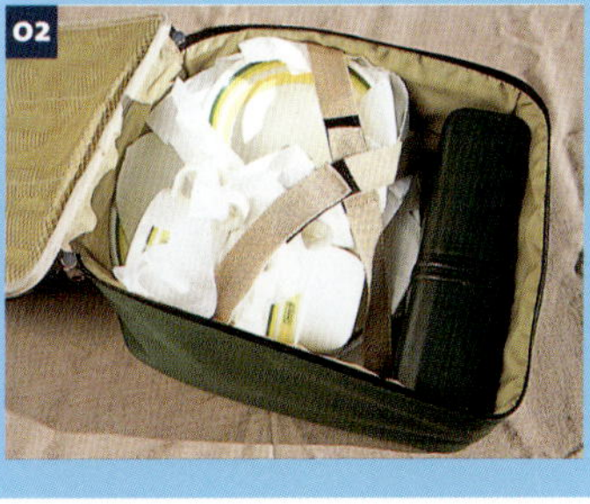

固定するのが理想です

ベルトで固定できる収納バッグだと、キズや騒音、ホコリの侵入からも解放されます。

ツーバーナー＆ランタンのしまい方

燃料漏れと破損に注意しよう

ここでは、扱いが面倒なガソリンを燃料にするタイプのツーバーナーとランタンを中心に話を進めます。必ず、触れる程度まで冷めてから収納すること。使用して汚れたら、掃除をしてから収納することは、すべてのタイプに共通する基本です。大事にして長く使いましょうね。

燃料はガソリンです

ツーバーナーのしまい方

燃料タンクをカラにして収納しないと、さびを発生させ、ジェネレーターを詰まらせる恐れがあります。防止策は満タン保管。気化しなければガソリンは安定しているのです。必ず内圧を抜き、40℃以下の環境で保管しよう。

01 風防を格納し内圧を抜きます

ゴトクについた汚れや内部を拭き取り、キレイにしたら左右の風防を格納します。次いで燃料給油キャップを開き、残存する内圧を抜きましょう。燃焼バルブが閉まっていることを確認します。

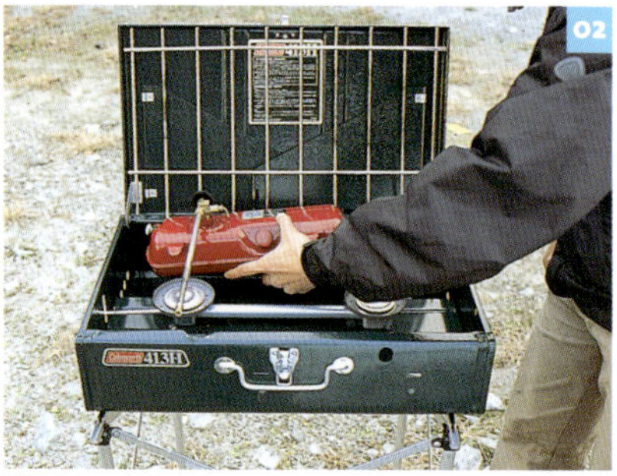

02 燃料タンクを格納します

取り付けたときと同じ切り込みを通してジェネレーターを入れ、燃料タンクを格納。次にゴトクを下げてフタをします。ロックフックをして完了。

STEP UP! すり傷と騒音を防止する方法

燃料タンクを収納するとき、タオルを巻いておくことをオススメします！ こうすれば、車での移動中に付きやすいキズと、ガタガタとうるさい騒音から解放されます。簡単なことですから習慣にしてしましょう。

使用直後は高温です！
ランタンのしまい方

専用ケースが付属している場合は、必ずソレに収納します。専用ケースは防震効果も期待できるのです。万が一ケースが付属していないのであれば、購入時に入っている紙箱が有効です。緩衝材とともに捨てないようにしましょう。

STEP UP! ホヤを掃除して明るさアップ！

毎回掃除する必要はありませんが、年に一度くらいはホヤの掃除をするようにします。汚れているときとは見違えるほど明るくなりますよ。ホヤはガラス製です。簡単に割れるので取り扱いは慎重に！優しく拭いてくださいね。

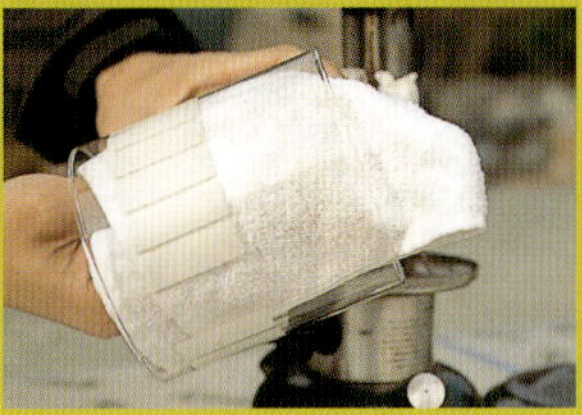

完全に冷ましてから収納する

ランタンは発光と同時に発熱します。非常に高温になっていますから、必ず冷ましてから収納してください。

01

02

内圧を抜きましょう

給油口を開けて、残存する内圧を抜きます。同時に燃焼バルブをシッカリ閉めて収納します。

そのほかのアイテムのしまい方 ❷
テーブル&チェア

誰にでも分かる簡単な収納方法ですが、意外に戸惑う人が多いのです。少しコツを覚えておくと、初心者に手伝ってもらいやすくなりますね。現場で慌てないように、読んでくれることをお願いします。

折りたたみテーブル

ロック装置が付いてます

脚の取り外し、格納の両方にロックがあります。解除してから収納しましょう。

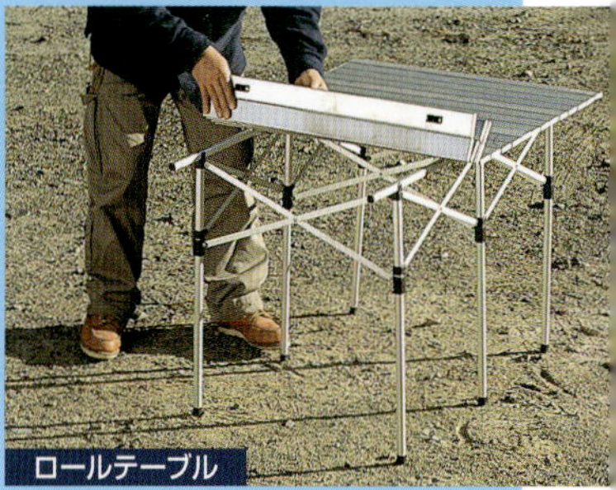

ロールテーブル

2人で収納すると簡単です

天板は平面同士をつけるようにたたみます。スタンドは中心に向かって押しながらたたみましょう。

折りたたみチェア

座面の両端を引き上げます

内側に力を入れながら、座面の両端を引き上げると簡単にたためます。

収束型チェア

中心に向かってまとめる

座面は下に、背当ては内側に折り込み、中心に向かってまとめるように力を加えましょう。

キャンプ場におけるゴミ処理

家庭と同じくルールを守って自然に優しく！

家庭ゴミの分別回収が厳しくなっています。資源の有効活用とゴミの削減を両立するための方策ですから、積極的に協力するのは私たちの義務ですね。キャンプ場で出したゴミも同じ。ココは田舎だから大丈夫、なんて安易な考えは禁物！　ルールを守るのが大原則です。

個別のルールに従う

ゴミの分別

ゴミの分別には、各地方自治体が定めたルールがあります。私たちは普段、ルールに従いゴミを処理しているハズです。キャンプ場にも個々が定めたルールが存在します。受付時に確認して、必ず従いましょう。

キャンプ場の分別方法に従う！
ゴミ処理を独自に行なうキャンプ場もあり、分別ルールは定められています。特に可燃ゴミの分類はさまざまなので注意が必要。不燃ゴミも独自のルールに従おう。

近くに置いて便利に使う
ゴミ袋のセッティング方法

ゴミ袋はゴミが出る場所の近くに置きます。もちろん分別も同時にするように、複数の袋を用意しましょう。使いやすい方法を研究して、確実な処理を心がけてください。

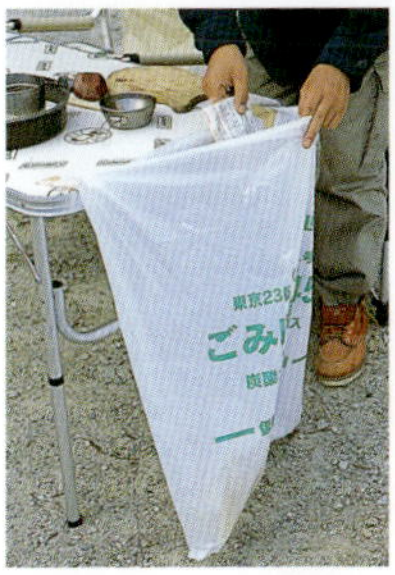

キッチンにガムテープ留めする
キッチン付近が最大のゴミ発生源！ここに複数のゴミ袋を置きます。

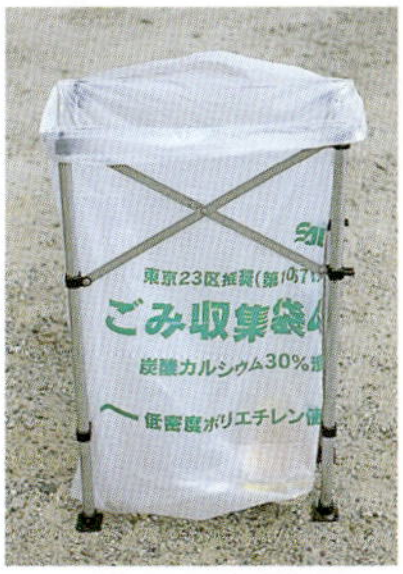

汎用スタンドを利用する
ツーバーナーを載せる汎用スタンドを利用してゴミ箱を作ります。

STEP UP! ゴミ専用スタンドもある

ゴミ専用のスタンドも市販されています。さすがに良く考えられたモノが多く、使い勝手はいいようです。積載スペースとお財布に余裕のある方にはオススメします。

アルミ缶限定です
空き缶のつぶし方

油断するとゴミはドンドン増えてしまいます。ゴミの削減と同時に、小さくして出すのも大事なことです。ゴミは少なくして小さくする努力をしましょうね。特に持ち帰りルールのキャンプ場では重宝します。

01

両脇を指でつぶします
つぶれるキッカケを作ると、キレイにつぶれてくれます。缶の幅を半分にするようにつぶします。

02

垂直に足で踏む
勢いよく踏みつけます。トレッキングシューズなど、ソールのシッカリした靴でやってください。

03

かさばる缶もこのとおり！
自慢するほどではありませんが、写真のようにキレイにつぶれます。ゴミ出しが少し楽になります。

再処理を考えること
ゴミ処理のルール

喫煙者の人はついやりがちですが、空き缶を灰皿として使うことは、最近のリサイクル事情では許されない行為です。ここに挙げる2つ以外にも、たくさんのルールは存在します。皆さんの常識の範囲で行なってほしいと願います。

缶を灰皿代わりにしない
空き缶は大切な資源です。このような行為は慎みましょう。ペットボトルも同じことです。

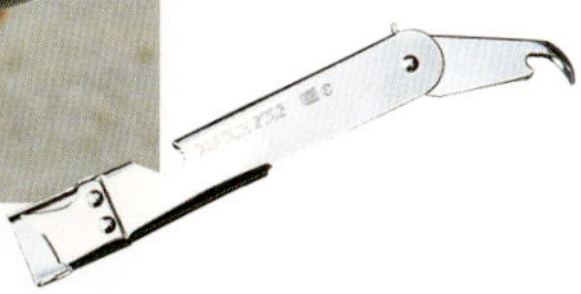

ガスカートリッジは穴を開けて！
カートリッジの残留ガスは微量でも大変危険。必ず穴を開けてゴミにしよう。専用道具もあるが缶切りでも穴開け可能です。

ゴミを外に出しておかない
野生動物に荒らされないためにも、ゴミはゴミ袋に入れて、きちんと袋を閉じておこう。就寝時にはテントの前室に置くのもいいだろう。

不法投棄は絶対に×
キャンプ場が指定した方法、または場所以外のゴミ処理は避けよう。まして帰り際、道ばたに捨てるといった不法投棄は犯罪になります。

テント&タープのメンテナンス

雨水の浸入からフライシートの穴あきまでよくあるトラブルを解決!

すべてが新品のキャンプ道具なら心配は少ないのですが、長年にわたって使用すると、道具は必ず疲労して思わぬトラブルを起こしてしまいます。知っていれば安心、無駄な出費も防げますから、本書と同時に頭の片隅に置いてください。

準備するもの

❶シーリングテープ
縫い目の防水に使用するテープです。雨具の補修にも活用できます。

❷リペアシート
テントやタープなどの亀裂を補修する際に使用します。素材各種あります。

❸潤滑剤
滑りが悪い箇所に使用します。ほかにもシリコンスプレーが有効です。

❹防水剤
防水スプレーです。効果の持続性は低いのですが、即効性と手軽さが魅力。

❺シームシーラー
縫い目や紬ぎ目に使用するジェル状の漏れ止め。テープと併用で強力です。

❻縫裁セット
ホツレは縫って補修します。強い糸と針が必要になります。

原因を知ってから処置を!
トラブル別メンテナンス方法

扱い方法が悪くておこるトラブルと、材質の寿命や経年変化によっておこる問題を見極める必要があります。最近のキャンプ道具は優秀で長寿命だと思いますが知っていて損のない知識と方法です。

その1 縫い目から雨水が浸入する

シームシーラーを塗布する
水の浸入が一番多く発生するのが縫い目です。ジェル状の漏れ止めを、染みこませるように塗布します。

シーリングテープを貼る
縫い目にテープを貼り、あて布をしたら低温のアイロンで押さえると確実。鍋にお湯を入れてアイロン代わりにします。

その2 雨水が染みこむ

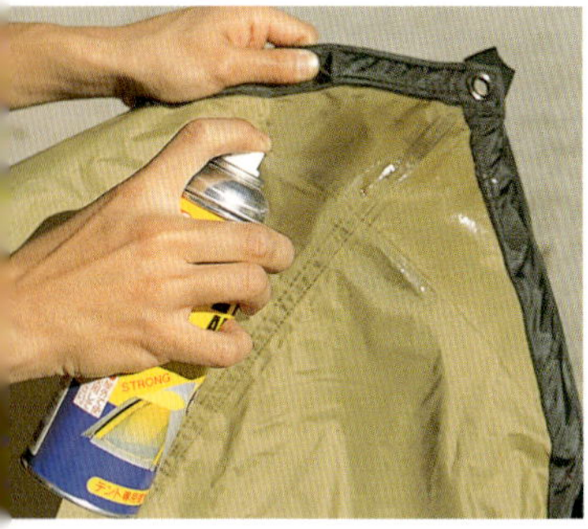

スプレー噴射で簡単に防水!
防水スプレーは生地の外側に噴霧します。手軽ですが、防水効果と持続性はそれなりです。

その5 フライシートやタープに穴が空いた

丈夫な素材も熱には弱いのです

刃物より、たばこや飛び火で開く穴が多いのです。トホホですね〜。

油分を取り除く

中性洗剤を薄めて拭いたあと、水で完全に拭き取って油分を除去する。

リペアシートをカット

穴より大きめにリペアシートをカット。色と材質を合わせて購入する。

貼り付けます

シートの裏紙をはがし、穴に合わせて空気を入れないように貼る。

熱を加えて圧着

リペアシートにあて布をしたら、鍋に熱湯を入れて押さえて貼る。

完了です！

目立たないようにできたでしょう!?　放置するより断然いいのは当然です。

その3 ファスナーの滑りが悪い

潤滑スプレーを吹く

必ずノズルをつけて使用する。シリコンスプレーが数社から市販されている。

その4 縫い目がほつれた

針と糸で補修します

まずはホツレた部分を補修。ホツレが広がらないようにシッカリ縫います。

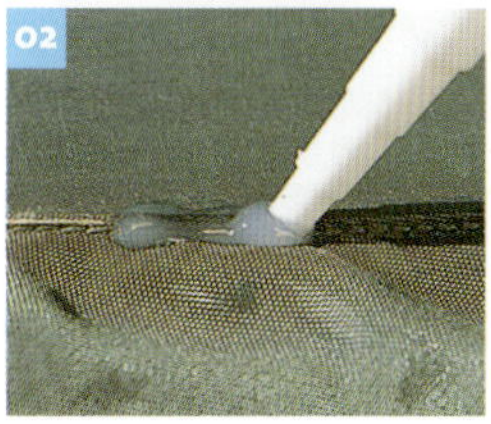

防水処理します

針を通した場所にはシームシーラーで防水処理を！乾燥させて終了です。

快適に使用するために

ポールとペグのメンテナンス方法

購入時に付属するペグは強度不足のモノが多く、取り扱いの際は「優しく」が肝心。また、ポールは連結部の破損が多くおこります。特に、設営時の組み立てが甘いと、トラブルの原因になりますので注意しましょう。

ポール

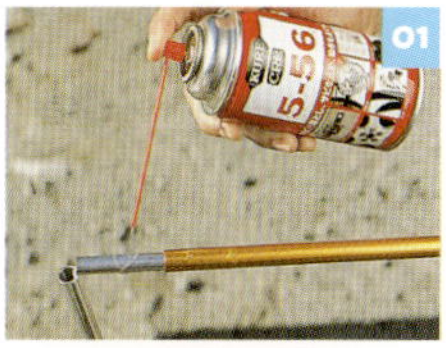

潤滑油の塗布

連結部には潤滑油を塗布します。地味な作業でも重要です。

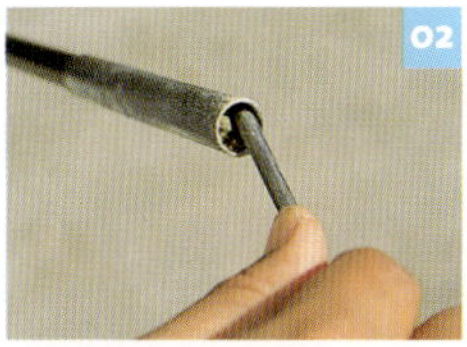

詰まりを落とす

ポールエンドに詰まる土は、キチンと落としておこう。

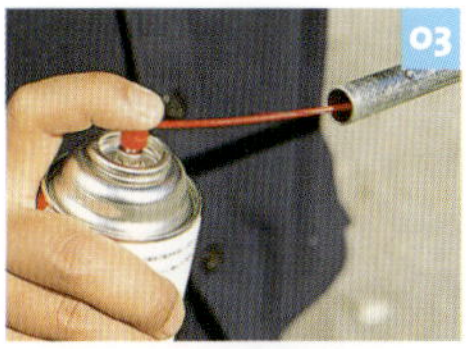

仕上げは潤滑油で

潤滑油を吹き付けて、細かなドロも落としてしまいます。

ペグ

ペグの清掃

ペグのドロはペグで落とすと簡単です。次回快適に使用するためにです。

乾燥させて収納

洗った場合は、確実に乾燥させてから収納します。拭き取りも重要。

曲がりの修復

曲がりやすいアルミペグなどは、ハンマーで簡単に修復できます。

ツーバーナー&ランタンのメンテナンス

正しいメンテで炎や明かりを安定させる

分解整備は不調時にだけ行なうことが、メンテナンスのポイントです。無闇に分解を繰り返すのは、調子を悪くする原因だと覚えましょう。ランタンもバーナーも、不調原因の多くはジェネレーターの詰まりとポンプのヘタリです。交換部品を用意してからはじめることも忘れずに。

日常メンテは清掃がメイン

ツーバーナーのメンテナンス方法

基本的には清潔に使用することがポイント! さびや汚れが不調を招くと考えましょう。燃料タンクの満タン保管も、さび対策には有効です。またポンプのパッキン交換は、ランタンと共通する作業です。応用してください。

準備するもの

❶プラスドライバー
ツールナイフでも大丈夫です。

❷ワイヤーブラシ
金タワシでも代用できます。

❸ウエス(布)
ぞうきんでも構いません。

※そのほか、「純正スパナ」「ポンプのパッキン」「ポンプオイル」「ジェネレーター」があると便利です。

その1 汚れ落とし

ゴトクの掃除
鍋を載せる台を外して、金タワシなどでこびり付いた汚れを掃除。

内部の清掃
吹きこぼれは、放置するとさびの原因になります。掃除しよう。

その2 ジェネレーター

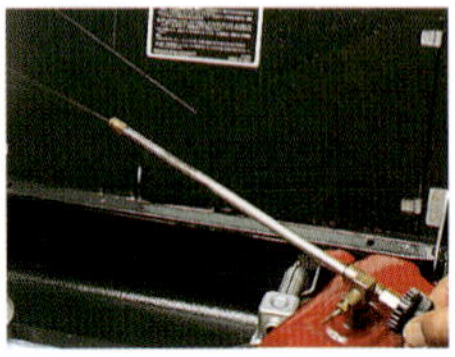

噴出量の確認
換気に気をつけ、火気のない場所でバルブを開いて確認。安定して出れば大丈夫。

ATTENTION!

ジェネレーターの交換
ツーバーナーのジェネレーターは構造が複雑。不調の場合は交換を専門店に依頼したほうが無難です。

その3 バーナーの清掃

キレイに炎が出ない
バーナーのさびが原因です。プラスドライバーで中央の押さえネジを外します。

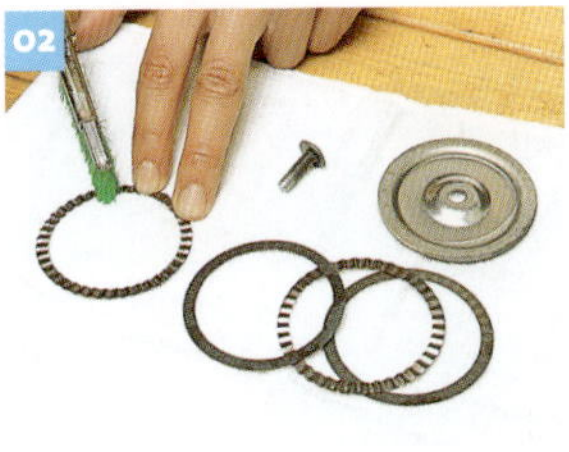

ブラシでさびを落とします
取り外してさびを落とします。必ず原因が見つかりますよ。

ATTENTION!

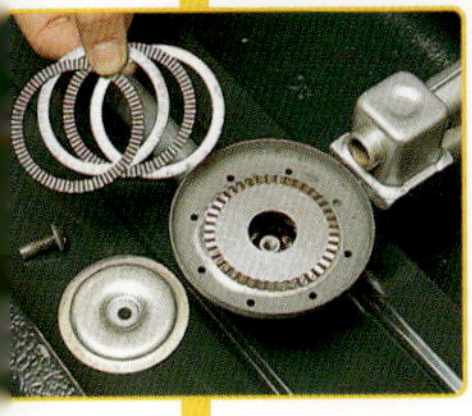

バーナーの順番に注意しよう!
バーナーを分解した場合は、部品を重ねる順番を覚えておこう! 間違えると機能しなくなります。

安定した明かりが持続する

ランタンのメンテナンス方法

ランタンの明るさが安定しなくなったら、ジェネレーターの目詰まりが考えられます。基本的には交換が必要です。またパッキンを保守する注油は、日常的に行なう必要があるので注意してください(ツーバーナーも共通です)。

準備するもの

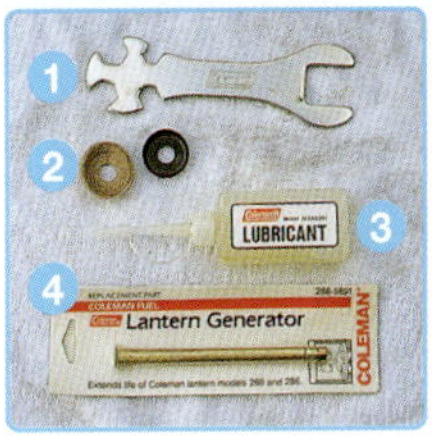

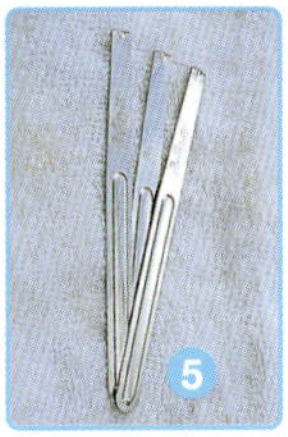

❶純正スパナ
小型スパナでも代用できる。

❷ポンプのパッキン
ゴム製と皮製がある。

❸ポンプオイル
ポンプオイルが枯れると機能しない構造です。

❹ジェネレーター
必ず専用部品を使用しましょう。

❺ガスランタン用掃除針
ジェネレーター掃除針です。

その1 ジェネレーター

まずはホヤを取り外そう
ホヤを外してから、タンクの上にあるネジを緩めると、ジェネレーターが取り外せます。新品に交換しましょう。

軽度の詰まりを回復
ジェネレーターの軽度の詰まりはパーツクリーナーを吹けば回復します。

その2 ポンプ

ポンプの取り外し
ロックを解除して静かに引き抜く。オイルがこぼれる場合もあります。

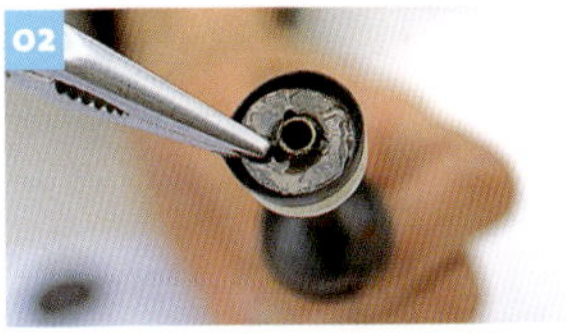

パッキンの交換
先端にあるパッキンを交換します。押さえクリップをなくさないように!

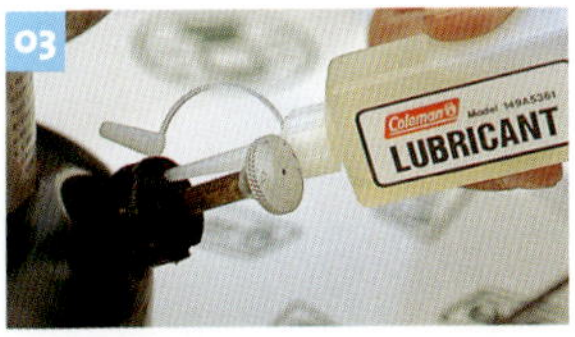

装着して注油します
取り外しと逆の手順で取り付けたら、穴から専用オイルを注いで完了。

ガスカートリッジ式ランタンの場合

ガスカートリッジ式ランタンのジェネレーターは非常に小さな部品です。価格も比較的安価ですから、定期的に交換すると、いつも快調に使用できますよ。交換はホヤを外し、マントルを崩してから開始します。専用の針も準備して開始してください。

取り外し
マントルが付いていた部品をねじり、外します。

穴の清掃
ジェネレーターの穴はとても小さく見えにくいのですが、針で掃除します。

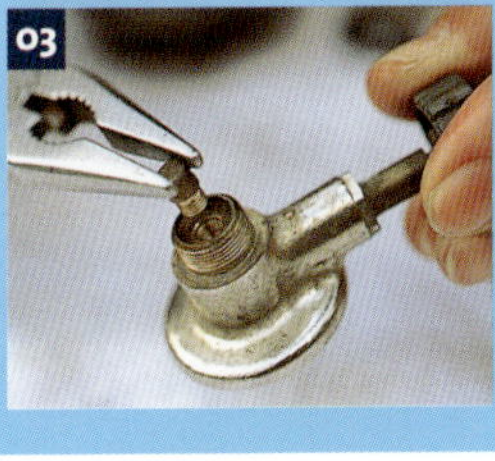

交換するときは
工具の先端に挟まれているのがジェネレーター。ひねって外します。

COLUMN

達人のオートキャンプ噺（ばなし）

その4

キャンプに4WDは必要だろうか？

あるクロスカントリー4WDのユーザーアンケートでは、新車購入時から下取りに出すまでの間に、4WD走行は未経験という人が70%。さらに一度だけ走行したという人も含めると実に98%という数字だった。これは普段の生活とドライブ程度では、4WDシステムが活躍する余地がないことを意味している。

同一車種における2WDと4WDの価格差は平均約20万円。当然4WDの方が高い。車両重量も50〜100kgほど重くなり、燃費も加速性能も悪化する。もしあなたが年に数回のオートキャンプを前提に、4WD車の購入を考えているのならやめるべきなのだ。基本設計がFFで作られている車の場合、ハンドリングは2WDの方が絶対に軽快でシャープだ。雪国でも2WDが走り回っているのだから、雪道がダメということはない。低燃費の2WDは、4WDにくらべて地球に優しい車だともいえる。

PART 5 「衣・食・住」の道具を選ぼう！

自分たちが思い描くキャンプスタイルによって、選ぶ道具は変わってきます。例えば初心者の人が、まずはデイキャンプからはじめてみようというのなら、テントやシュラフといった就寝道具はいりません。ここでは買い揃える前に、まずはどんな道具があって、そのなかにはどのような種類と特徴があるのかを見ていきましょう。

春秋キャンプの基本レイヤード

天候や環境の変化に合わせてウエアを組み合わせる

昼夜の気温差が大きい春と秋は、重ね着を基本に考えましょう。厚手の上着やパンツを着用すると、気温の変化に細かく対応することが難しくなってしまうのです。朝昼夕、そして夜間と、大きな気温変化にすぐ対応するには、薄手のウエアを重ね着をしていくのが基本です。

動きやすさを優先する

基本レイヤード術

上はロングTシャツ、下はトレッキングパンツが、春秋キャンプの基本ウエアと考えましょう。また、キャンプ場でジーンズを着用している人を多く見かけますが、動きやすさや保温力、撥水性などでは新素材にかないませんよ。

プラス

ロングTシャツをベースに考える

長袖のTシャツはとても便利です。少し気温が上がれば袖を簡単にまくることも可能ですし、重ね着をしてもゴワゴワしないので快適に過ごせるのです。

パンツは機能優先で選択

素材はコットンから伸縮性のあるモノまで、さまざまなパンツが販売されています。サイズに少し余裕があり、歩いたり屈んだりしやすい素材とデザインのパンツを選びましょう。

気温低下に対応する
応用レイヤード術

ロングTシャツを着て過ごす日中と違い、朝夕や夜間は気温がグッと下がるのがキャンプ場です。寒いと感じる前に、重ね着をして体温を保持することが、疲労の軽減につながります。

朝・夕

基本 ＋ プラス

フリースを重ねて着る

朝夕の気温低下にはフリースの重ね着で対応します。袖口と襟元が締められるデザインのフリースがアウトドア用だと考えましょう。

夜

朝・夕 ＋ プラス

ジャケットを重ねる

夜間はジャケットを着用します。ジャケットも袖口と襟元が締められ、ハンドウオーマーを装備しているモノが本格的です。

2足が基本です
シューズの選び方

キャンプ場では、歩きやすい靴とリラックスできる靴の2足を用意しましょう。その際は、トレッキングシューズを履いていき、スポーツサンダルを持参するのがベストです。

トレッキングシューズ

凸凹道を歩くように設計されているトレッキングシューズは、キャンプにも最適な1足です。先端からキチンとひもを締めて歩こう。

スポーツサンダル

川岸や湖畔、海岸のキャンプ場では必需品です。しかし開放感に優れるサンダルは、くつろぎの時間にもうれしい常備したい1足です。

雨は必ずやってくる
レインウエアは必需品

テントサイトの設営や撤収時に雨が降ったらレインウエアを着用して対応します。体を濡らすことを極力避けるのは、アウトドアライフの基本なのです。体が濡れて冷えてしまうと、体温の回復に時間がかかり疲労します。

価格差は機能差です

安価なレインウエアからゴアテックス素材の高価なモノまで種類は豊富に揃っています。価格差は機能性と着心地の違いに表れます。高価なレインウエアは普段着として着用できて便利です。

STEP UP! 保温力を知る 重ね着の極意

木綿のTシャツ1枚で、約2℃の保温力があります。素材が変化すればその保温力は向上します。素材によってその保温力は違うのです。さらに、服と服の間に空気をの層を作ることが重ね着保温のカギです。

暑さ寒さに負けない夏と冬のウエア術

季節に合った着こなし術で体温管理もバッチリ！

自然を相手にするキャンプでは、普段の生活以上に体温管理に気をつけたいところ。体温管理ができるかどうかが、オートキャンプ上達への道でもあるのです。さらに、急激な体温変化は疲労に直結します。これから紹介する着こなし術で対応してみてください。

日差しを防ぐ

夏の基本ウエア

夏キャンプでは体温の上昇に注意してウエアを選択します。異常な体温上昇は、熱中症などの深刻な事態を引き起こす可能性があります。また水分補給も怠らないように注意してください。のどが乾く前に少しずつ飲むのです！

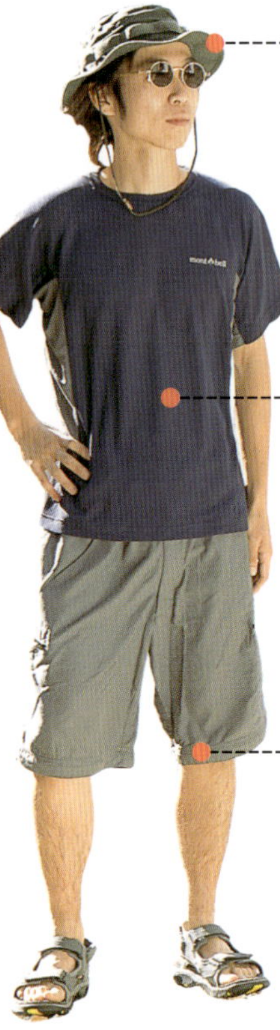

POINT 1

日差しから頭部を守る帽子
夏キャンプでは必ず帽子を着用します。通気性のある素材を採用した、ひさしの広いキャップやハットを選択しましょう。

POINT 2

新素材を活用したシャツ
Tシャツは木綿より速乾性に優れた新素材のTシャツがオススメ。このシャツを着れば裸でいるより涼しいという優れもの。濡れてもスグに乾くのです。

POINT 3

ハーフパンツを着用する
蚊が出る夕方を除いて、暑い日中はハーフパンツを着用。膝上に足の温度センサーがあり、通気がいいと涼しく感じて、快適に過ごすことができます。

保温と発汗を考える
冬の基本ウエア

寒い時期のキャンプでは保温性にばかり目を向けがちですが、これは間違い。温度が過剰になると必ず発汗します。発汗が放置されると体温の低下を招き、風邪を引いたりするのです。保温と発汗のバランスをとることに注意を向けましょう。

1 POINT

ニット帽子が基本です

冬ですから保温を考えてニット素材の帽子の着用をオススメします。ニットは適度な通気性があり、アウトドアでも優れた素材です。

2 POINT

ダウンジャケットで温度変化に対応する

アウターはやはりダウンが最高。気温の変化に素材自らが対応する能力はダウンだけです。もちろん通気性もよく、発汗しても大丈夫。

3 POINT

手袋着用は大事です

手足の先は最も冷えやすい。充分保温に気をつけよう。またジャケットのポケットにあるハンドウオーマーも活用したい。

4 POINT

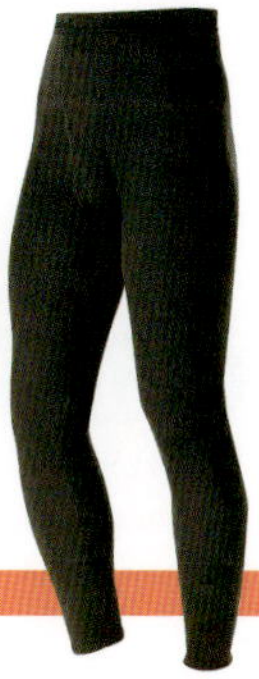

ポイントはアンダーウエア

下着は冬のウエアのなかで最も大事。必ず新素材の下着を着用しよう。保温と発汗という相反する条件を克服しているのは新素材下着だけ。

覚えて活用しよう
寒さに負けないコツ

寒い時期の体温管理は、発汗に対応できてスグに乾く下着。次いで保温性が高く通気性のあるアウター。最後は風を通さないジャケットという組み合わせが基本。温度と季節により素材の持ち味を活用して快適に過ごそう。

その1 インナーは素材で決まる！

アンダーウエアにも保温力に優れた素材はありますが、保温と発汗・乾燥という相反する機能まで優れているのは新素材だけ。行動して汗をかくこともあるキャンプでは、絶対的効果をもたらすでしょう。

その2 迷ったならもう1枚！

ウエアの選択には経験が必要になります。どうしようかと迷ったら、一枚多く着ておきましょう。暑くなれば脱げば済むことです。体が冷えて風邪をひいてからでは遅いのです。

その3 冷えるポイントは背中・肩・ひざ！

人間の体には数カ所の温度センサーがあります。両肩と背中の肩甲骨の間。そして膝の上です。ここを重点的に暖めておけば快適に過ごせるのです。冷たくなる前に暖めておきましょう。

STEP UP! これでほっかほか！ 使い捨てカイロを貼る場所を知る

使い捨てカイロは冬キャンプで活躍する保温具のひとつです。上手に貼って活用しましょう。ポイントは5カ所です。肩甲骨の間、腰、下腹部、両膝上に貼ると、人体は暖かく感じるようにできています。

これだけは用意したい「住」に必要な道具

16のアイテムを揃えて オートキャンプを充実させよう!

ここではテントやタープなど、「住」にまつわるアイテムを解説します。必ずしもココに記載した道具だけで快適に過ごせるワケではありません。また、あなたのキャンプスタイルによっては不要な道具もあると思います。本当に必要な道具を決めるのはあなたです。

ベース基地を作るため

揃えておきたい「住」の道具

キャンプ場で快適に寝て起きることができなければ、キャンプ自体が楽しいハズはありません。同時に快適なリビング空間を作る必要もあるのです。長期間使うキャンプ用品の購入は、慎重に選びましょう。

タープ

日陰を作りますが、小雨ならしのげる強度も備えている。写真はヘキサタープ。スクエアで居住性の高いタイプもあります。

テント

軽量でコンパクトに収納できるドームテントが人気。設営も簡単で、慣れると5分ほどで終了します。耐候性の高いテントを選んでください。

テントマット

テントの中に敷くマット。保温性とクッション性を重視して作られている。写真は専用マットですが、同機能のマットでも代用可。

グラウンドシート

テントの下、地面とテントの間に敷くシート。安価なブルーシートでも代用可能ですが、サイズをキチンと合わせる必要があります。

テーブル

フォールディングタイプと呼ばれる折りたたみ式とロールタイプという巻き取り式の2つがある。購入時は耐荷重に注意。

ランタン

写真はガソリンを燃料に使う。強力なランタンだが扱いは少し面倒。ほかにもガスカートリッジ式や電池式があり、複数使用すると便利。

パーソナルマット

個人マットで、いわばシングルベッド。写真はウレタン製で滑りにくいタイプ。空気を入れて膨らませるタイプなどもある。

チェア

いろいろなタイプがある。収納方法の違いが座り心地の違いに直結しているから、必ず座って確認してから購入しよう。

ヘッドランプ

多機能化が進み、普及しているLEDはタマ切れの心配がなく電池寿命も長いので、ヘッドランプには最適。懐中電灯でも代用可。

シュラフ

寝袋。写真のタイプをマミー型と呼び、オールシーズン対応。封筒型と呼ばれるタイプはサマーキャンプに適したモノが多い。

快適空間を演出する
できれば揃えたい「住」の道具

ココに挙げるキャンプ用品は、「できれば揃えたい」とありますが、あればぜひとも持参してほしいものばかりです。とくにファーストエイドキットと携帯ラジオは必需品といってもいいでしょう。

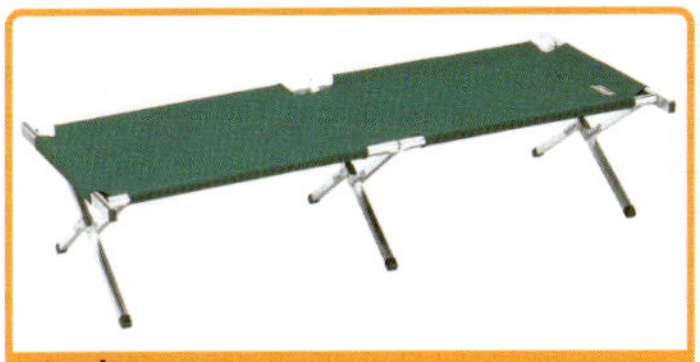

コット

折りたたみ式のベッド。ベンチとしても使用できて便利だ。テント内で使用するには土間のあるロッジ型テントが必要。

携帯ラジオ

最近は高性能なラジオが少なくなっているようだが、即時性のある情報を提供してくれるラジオは欠かせない。

ランタンスタンド

これがあるとランタンを好みの場所に設置できる。写真のような自立式と地面に打ち込むタイプがある。

すのこ

テントの出入り口付近に置く。小上がりとして使用すると、テント内に持ち込まれた汚れが激減する。安価だが便利な小物です。

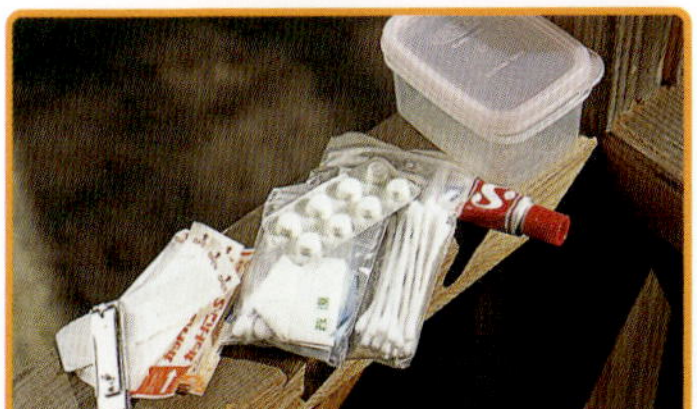

ファーストエイドキット

市販のファーストエイドキットを購入する方法もあるが、写真のように自宅で使用している薬を小箱や袋に詰めてもいい。

コンテナボックス

折りたたみ式で、使用しないときはコンパクトに収納できる。キッチン関係など、こまごました装具の収納には欠かせない。

テントの種類と各部の名称

快適に過ごすオートキャンプのベース基地

キャンピングカーを利用しないキャンプの場合、テントがキャンプサイトの中心的存在です。使い込んでいくうちに、住み慣れた我が家のような愛着すらわいてくるのも面白いところです。厳しい気象条件のキャンプでは、テントに入った瞬間の安堵感も忘れられません。

短期型と定住型
テントの種類と特徴

テントには大きく分けて2つのタイプがあります。1つは主流のドームテント。軽量で設営や撤収が簡単です。もう1つはロッジテント。設営には少し手間がかかりますが、広い土間と寝室の2間があり便利です。

ドームテント

慣れれば5分で設営も可能です

基本的には少ないポールでインナーテントが自立します。その上にフライシートと呼ぶアウターテントをかけて完成する。荷物を収納できる前室はあるが、大部分は寝室として機能する設計。簡単に移動できるので短期間のキャンプに向いたテントです。

ロッジテント

多機能で広い前室が魅力です

やや複雑なポールを組み立てて、寝室になるインナーテントを吊り下げます。さらにフライシートをかけて、ペグとロープで完成します。設営撤収に時間がかかる、長期滞在型のテントです。広い前室はスクリーンテントとして機能し、タープは不要です。

覚えれば便利!

各部の名称と特徴

ここではテントをより理解してもらうために、各部の名称を紹介します。複数人で設営する大型テントでは、設営や撤収時に必ず役に立つハズです。覚えておきましょう。

STEP UP! 自在フックの使い方を覚えよう!

テントに付属している張り綱には、ロープの長さを調節できるフックが装着されている。コレを自在フックと呼び、ロープがピンと張った状態で固定してくれる働きをする。ロープの端がとめてある方を起こしてから長さを調整しよう。

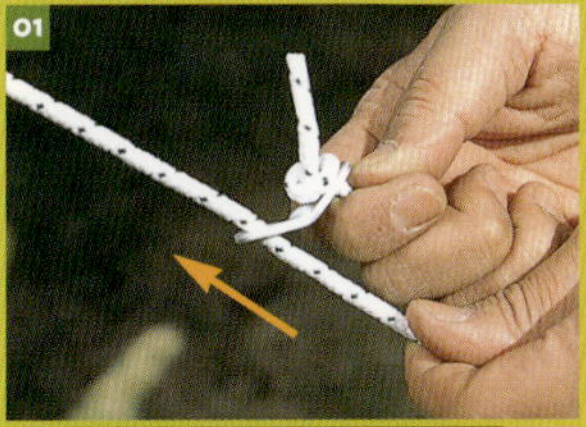

5 留め具

テントの固定に欠かせない

インナーテントのグラウンドシート付近についています。ポールを刺したりペグやフライシートの固定にと多機能です。

6 ベンチレーション

一応換気口ですが……

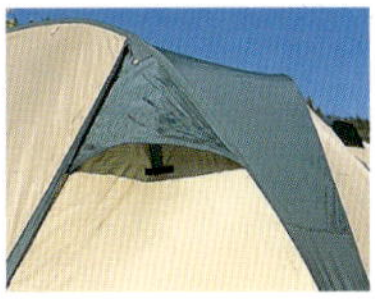

このベンチレーションはフライシートについています。インナーテント内部の換気が目的ではないので注意してください。

7 張り綱

テントの強度を上げるために使用

写真は前室のフラップを留めるために使用している張り綱ですが、ほかにも強風時にテントを補強する張り綱もあります。

8 前室

テント前の土間空間です

テントの出入りに際して、靴を脱いだり履いたりします。濡れては困る荷物も置けるスペースです。

1 フライシート

雨風を防ぐアウターテントの総称

テントの外観を決めるのはこのフライシートです。テントの強度を補強する働きもあります。

2 インナーテント

テント本体がコレです

この部分が寝室になり、地面と接地します。ポールに掛けて自立させます。柔らかい素材でできています。

3 フック

インナーテントに付属しています

インナーテントをポールに掛けて自立させるために使います。フックのほかにスリーブという筒状のタイプもあります。

4 ポール

テントの骨組みです

テントを設営するために使用するアルミやジュラルミン製の棒をポールと呼びますが、長さや太さに違いがあります。

タープの種類と各部の名称

家族や仲間たちがくつろぐためのリビングスペース

簡単な屋根でも安心感を生むタープ。本来の目的は日陰を作るためです。小雨程度ならしのげますが、基本的に雨よけが目的ではないことを認識して使おう。大型のタープは風の抵抗も大きくなり、強風などの悪天候時には、撤収する勇気と工夫する知恵も必要になります。

居住空間に差がある

タープの種類と特徴

タープには、ここに挙げた5つのタイプがあります。いずれも日陰を作り、快適な野外リビングを演出してくれるのですが、居住空間と設営方法にはそれぞれ特徴があります。自分にとって最適なタープを選んでください。

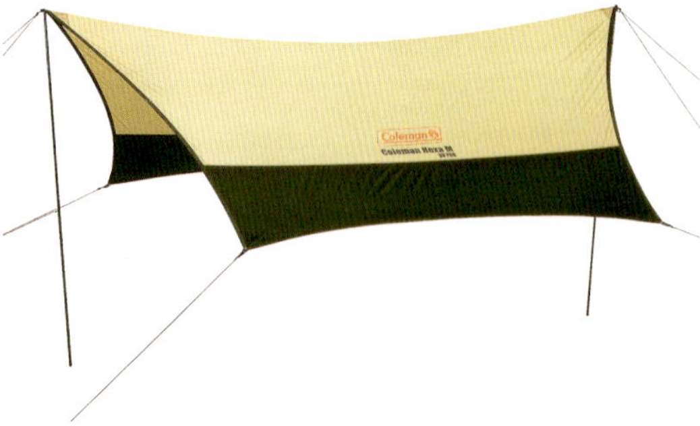

ヘキサタープ

**人気の高い
ポピュラーなタープ**

4人までのキャンプに対応できるタープ。ポールも2本しか使用せず、設営も簡単です。雨がたまる心配もなく、扱いやすさと居住空間のバランスに優れています。ポールを追加すれば一気に居住空間を広げることも可能です。

ウイングタープ

**コンパクトな収納が
大きな特徴です**

ヘキサタープと同じく2本のポールで設営します。小さな四角いタープを地面に引くので、生まれる空間は狭く、2人のキャンプが限度です。設営撤収が非常に簡単で、バイクキャンプにも愛用者がいるほど収納もコンパクトです。

STEP UP! タープの種類によって違うリビングスペースの広さ

タープには形状により開放感や機能に違いがあります。広く解放的空間を好みならレクタングラータープ。密閉感と虫よけを望むならスクリーンタープです。適度な空間と手軽な設営を求めるのならヘキサタープをオススメします。

レクタングラータープ

大きな居住空間が魅力です

6本のポールで設営する大型タープ。設営には少し手間取りますが、開放感ある空間は魅力的。ただ風に弱く、また雨がたまるため、小雨でも張り方には工夫が必要です。4人以上のキャンプにも対応します。

カーサイドタープ

車をリビングとして使う

車のルーフと地面を連結する。空間はそれなりに狭いのですが、車内も利用できるので都合がいい。また完全に自立するタープもあり設営は簡単ですが、高価格と車の移動ができないのが難点。

スクリーンタープ

完全密閉も可能です

スクリーンテントとも呼ばれています。メッシュで全面を覆うことが可能です。この機能は虫よけとしても強力で、サマーキャンプには特に重宝するタープです。設営は複雑で収納も大きく重いのが残念。

覚えておこう！ 各部の名称と特徴

各部の名称はテントと共通する部分も多くありますが、タープにはそれなりの特徴もあります。覚えておくと便利です。

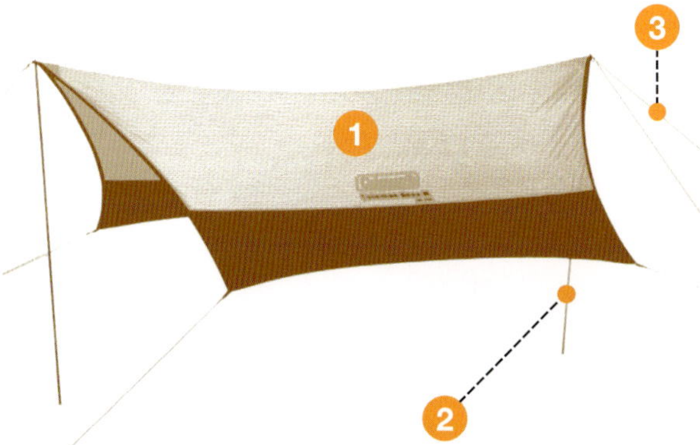

1 ルーフ

日よけを作る生地のこと

タープの生地はテント生地を2枚重ねて使用している。丈夫だが、使用中に伸びることもある。

2 ポール

生地を支える柱です

ヘキサタープは2本なので長さは同じですが、レクタングラータープは6本使用するので長さに違いがあります。

3 張り綱

ダブルとシングルがあります

ポールを立てる張り綱は2本をまとめたダブルロープを使用しますが、地面に引くのは、それぞれ1本のシングルロープです。

シュラフ&マットの種類と各部の名称

シュラフ&マットの組み合わせ術でベッドよりも心地よく!

快適な睡眠を得るために、シュラフとマットは切り離せない関係です。テントを家だと仮定すれば、シュラフとマットは個人のベッドに相当する存在なのです。1日の3分の1は睡眠時間ですから、よく理解して熟睡できる環境を整えましょう。

目的別に考える

シュラフ&マットの種類と特徴

軽量でコンパクトな山岳向きからオートキャンプ用の快適重視な製品まで、バリエーションは豊富。またシュラフには使用に適した温度設定があるので、購入時には必ず確認して自分の使用条件に合うモノを購入しよう。

マミー型シュラフ

頭部までスッポリ収まり暖かい

マミー（ミイラ）型シュラフは人間の体型に沿ってデザインされている。肩口から頭部まで包み込むので保温力は高い。サイズや素材、適応温度も幅広く設定があり、コンパクトに収納でき、通年キャンプを楽しむには最適。

封筒型シュラフ

布団のような快適さがある

シュラフ自体が大きく、快適性を重視したオートキャンプ向き。2つを連結して使用することも可能で、家族キャンプを考えた設計が特徴だ。サイズにバリエーションはあるが、収納はかさばる傾向がある。

フォールディングマット

楽に広がり収納も素早い

素材はロールマットと同じEVAフォームなので軽量。広げるときにカールしないので素早く敷くことが可能。収納も折りたたむだけなので初心者でも簡単。山岳ツアーにも使用できるほどコンパクト。

ロールマット

暖かくても軽量が自慢です

クッション性のあるEVAフォームという素材を採用。表面の凹凸がシュラフを滑りにくくしながら、空気をためて保温力を維持してくれる。コンパクトに収納できるのでトレッキングでも使用できる。

STEP UP! シュラフカバーっていったいなんだろう?

夜つゆからシュラフを守るのが本来の目的。つまりテントを使用しない野宿のためのシュラフカバーなのです。しかし保温力もあるので、自分のシュラフだけでは寒いときにも使用できます。コンパクトに収納でき、大変便利です。

エアマット

ふたつのタイプが存在します

インフレータブルマットと呼ぶ、発泡ウレタンと空気を併用するタイプと空気だけを使用するタイプがある。インフレータブルマットはバルブを開いておけば自然に空気を含み、快適に使用できる。

覚えておこう!
各部の名称と特徴

ここではオートキャンプに人気の高い封筒型シュラフと、ウレタンマットをベースに考えて各部の名称を紹介します。

1 表地

コットンから新素材まで

シュラフの表面を覆う生地です。価格とデザインにより、さまざまな素材が使用されている。撥水性はない。

2 裏地

体に直接触れる大事な生地

心地よい肌触りを得るため、コットンやコットンフランネルを使用した製品が多い。マミー型は化学繊維を使用。

3 中綿

保温力の要です

ダウンからファイバーなどの新素材まで、さまざまな素材が使用されいる。小さく収納できるのはダウンです。

4 ファスナー

足元が解放できるシュラフもある

ファスナーを閉じて使用するのが基本ですが、暑い場合は開けたまま寝ることも可能です。

5 断熱素材

空気からポリエステルまで幅広い

断熱素材は空気を利用したものから発泡ウレタン、ポリエステルなど種類が多く存在し価格帯も広い。

テーブル＆チェアの種類と各部の名称

安定性と収納性を兼ね備えたリビングの必須アイテム

日本古来の伝統的「野遊び」は、花ゴザを敷いて遊ぶのが習慣でした。ライフスタイルが変わり、欧米型のオートキャンプを楽しむのに、テーブルとチェアは必要な存在になりました。なおテーブルとチェアには耐荷重が設定されていますから確認して使用しましょう。

収納サイズが大きく違う

テーブル＆チェアの種類と特徴

ココで紹介する製品以外にも数多くの優れた製品が存在します。ここでは着目すべきポイントを挙げながら、代表的なテーブルとチェアの特徴を紹介します。

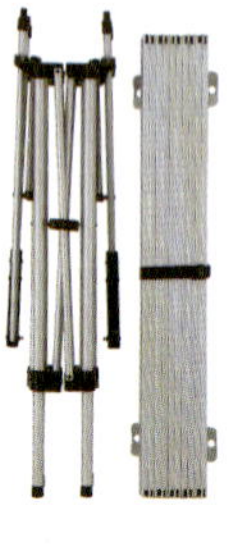

ロールテーブル

くるくる巻いて収納
高さ調整もできる

天板を巻いて収納するタイプですから、使用時にはすき間ができます。しかしスタンドを取り外してコンパクトに収納できるのです。スタンドは途中から外れて座卓としても使用できるのがうれしい。

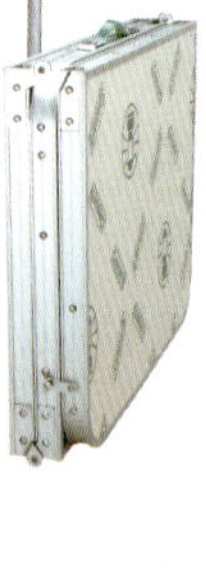

フォールディングテーブル

フラットな天板が
とても使いやすい

天板を3つ、ないしは4つに折りたたんで収納するテーブルです。収納時の面積は大きいのですが、薄くまとまるのですき間を利用して積載することも可能です。この製品は足を取り外すことができて、座卓としても使えます。

収束型チェア

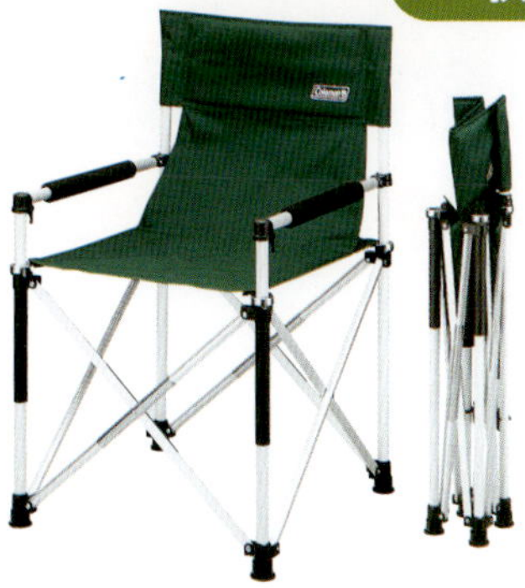

収納サイズはコンパクトです

写真のメーカーの製品は独自の収束方式を採用していて、非常にコンパクトに収納できます。他社の製品でも簡単に細く収納できますから、実際に座り心地を確認してみましょう。通常は収納袋が付属しています。

フォールディングチェア

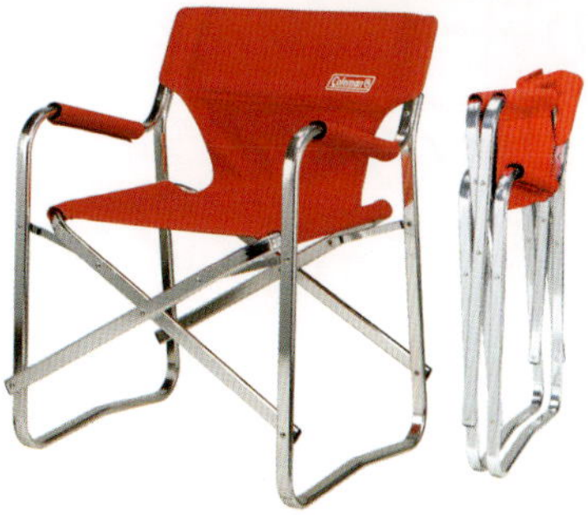

座り心地は最高です

フラットに張った座面と、体に合う背もたれの構造は座り心地がよく、長時間座っていても大丈夫です。ただ、収納時はやや大きく、まとまりも悪いので積載が難しいのが問題点です。収納袋は付属しないのが普通です。

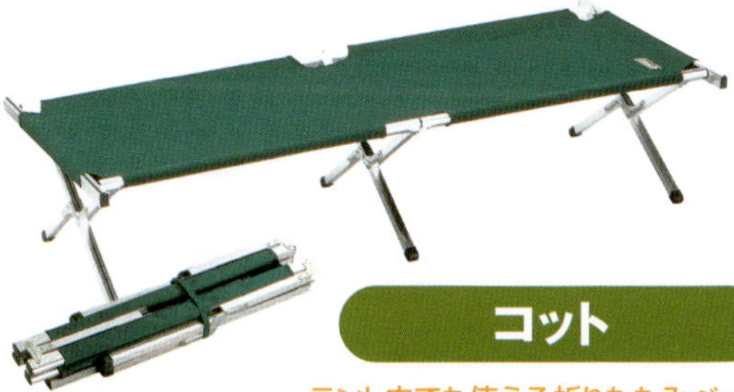

コット

テント内でも使える折りたたみベッド

ロッジテントやスクリーンタープの中で使用するベッドですが、簡易的なベンチとして活躍します。収納時は小さくなり持ち運びやすいまとまりを見せてくれます。価格と重量にはかなり幅があります。

子ども用チェア

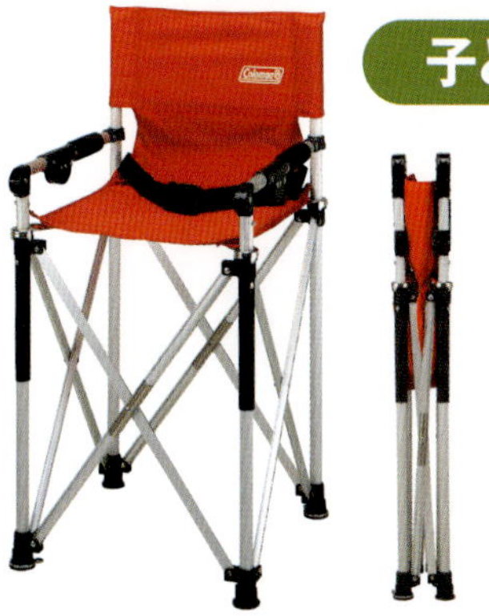

安全機能が充実している

子ども用のチェアは細身でやや高さがあるのが特徴です。また転落防止のためのシートベルトや転倒防止用にペグを打てる構造のチェアもあります。収納方法は収束型と同じ方式が多いようです。

覚えておこう！

各部の名称と特徴

ここではアルミロールテーブルと収束型チェアを題材に各部の名称と特徴を紹介します。

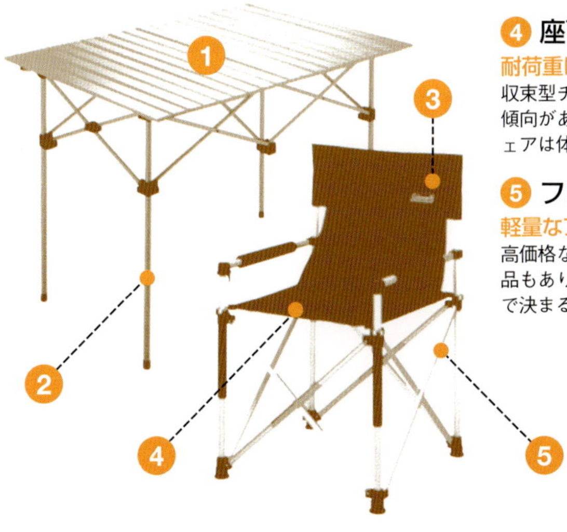

④ 座面

耐荷重は80kgくらいなのです

収束型チェアは構造上、中央がくぼむ傾向があります。フォールディングチェアは体にフィットして快適です。

⑤ フレーム

軽量なアルミが主流です

高価格な製品には太くシッカリした製品もありますが、耐久性は座面の生地で決まる傾向があります。

① 天板

すき間が開いているロールテーブル

写真の素材はアルミですが、フォールディングテーブルはベニヤ板にコーティングを施しています。耐荷重は30kgが目安です。

② フレーム（スタンド）

高さ調節で座卓使用も可能です

このメーカーの製品は、スタンドが途中で取り外せる構造になっています。収納時は収束させて小さくします。

③ 背もたれ

裏側にポケット付きもある

背中にフィットする構造が多く快適です。座面と共に重要な構成部分です。実際に座って確認しよう。

ランタン＆ライトの種類と各部の名称

夜のキャンプサイトを明るく照らす魔法のアイテム

夜のサイトに欠かせないアイテムのひとつです。ランタンの明かりは白熱灯の光に似ていて、どこか懐かしく暖かみのある発光色が特徴なのです。ときに消して、ランタンの明るさに慣れた目には見えない夜空、暗闇を体感するのもキャンプの醍醐味のひとつです。

目的別に選択する

ランタン＆ライトの種類と特徴

ランタンには、大型で明るくガソリンを燃料にするタイプ、大型から小型までサイズが豊富なガスを燃料にするタイプ、さらにテント内でも使用できる電池式の3タイプがある。懐中電灯に代表されるライトは、小型化が著しいLEDライトが中心。

ガスカートリッジ式ランタン

サブランタンとして使用したい

燃料の交換はカートリッジ式なので簡単。点火や消火もワンタッチですから、手元に置いて必要に応じ点火・消火を繰り返して使用するには最適なランタン。サイズも豊富で非常に小型のモノから大型のモノまで揃っている。

ガソリン式ランタン

明るさは抜群です！

給油時には神経を使います。またメンテもほかにくらべれば複雑なのは残念ですが、それを補って魅力あるのがガソリンランタンです。最初の一台としては自信を持ってオススメします。伝統に裏付けされた雰囲気も最高です。

STEP UP! ランタンを自在に吊す

ランタンは、時間や目的に応じて移動しながら使用する。発光と同時に高熱を出すので、ロープで吊す場合はS管などの金具を使おう。専用道具にはポールに掛けるタイプと自立するタイプがある。

▲ランタンハンガーはタープなどのポールに掛けて使う

▶ランタンスタンドには地面に刺すタイプと自立するタイプがある

ヘッドランプ

主流はLEDランプです

電池の消耗が少なく電球切れも起こさないLEDは、両手が自由になるヘッドランプに最適。小型電池を使用できるので軽量化も進んでいます。また多機能なヘッドランプも開発されていて、選ぶ楽しみも増えました。

電池式ランタン

究極の手軽さ!

電池の消耗を考慮してか、蛍光灯を使っているので青白い発光色が残念。しかし燃焼しないので熱も出さずに安全に使用できる。もちろんテント内でも使用可能。3台目のランタンとしてオススメできるでしょう。

メンテナンスに必要！ 各部の名称と特徴

本書で詳しく触れているメンテナンス（P104）を理解するのに必要な、各部の名称と特徴をガスランタンを中心に解説していきます。ガスランタンとガソリンランタンの違いはポンプと給油口、自動点火の有無だけです。

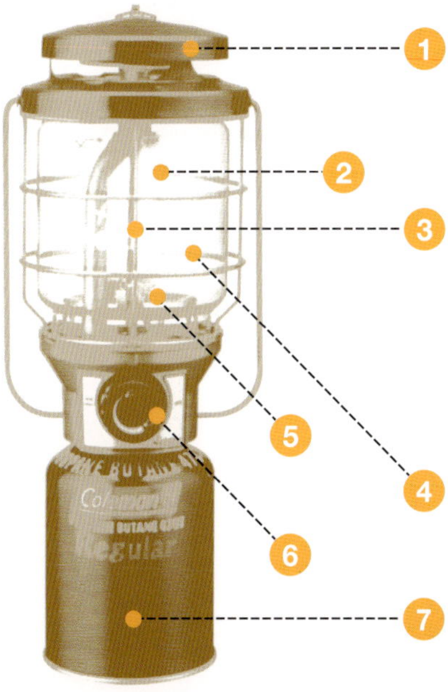

5 自動点火装置

ガスランタンはマグネット点火

ポイントで示す部分はマグネット点火の本体です。スイッチは使いやすい場所にあります。

6 光量つまみ

明るさを調整します

ガソリンランタンでは燃料バルブと呼ぶこともあります。最も絞って明るい位置で使用します。

7 燃料

ガスカートリッジ式です

ガス式ランタンはカートリッジごと交換します。ガソリン式は給油口を開けてガソリンを補充します。その後ポンピングして内圧を上げて使用します。

1 ベンチレーター

頭頂部のネジで取り外せます

発光燃焼に伴い発生する熱とガスを排出し、空気を取り入れるための換気口です。使用時は高温になる。

2 マントル

崩れやすい発光体

ガラス繊維を燃焼させて発光体にしています。衝撃に弱い消耗品ですから交換部品は常備しましょう。

3 ジェネレーター

燃えやすくする機能

燃料タンクから圧送されてあがってくる燃料を、細かなノズルを経由させて気化し燃えやすくする。

4 グローブ

日本ではホヤと呼びます

マントルを風から防ぎ、安定した発光を促すためのガードです。ガラス製で衝撃に弱いが掃除も必要です。

これだけは用意したい「食」に必要な道具

アウトドア料理を楽しく演出してくれる16のアイテム

ここに紹介する道具たちは、すべてが必要なワケではありません。もちろん、家庭で使用しているモノでも代用可能な道具があります。しかし道具にはそれぞれ個性があり愛着も感じますね。専用道具独特の遊び心を感じることも楽しいと思えるのです。

機能美を求めて

使って便利な「食」の道具

キャンプスタイルには個性があります。少人数で遠くへ出かける人もいますし、反対に大勢でワイワイを好む人もいます。「食」の道具は使う人に適したモノが最高なのです。ここではそれぞれについて解説していきます。

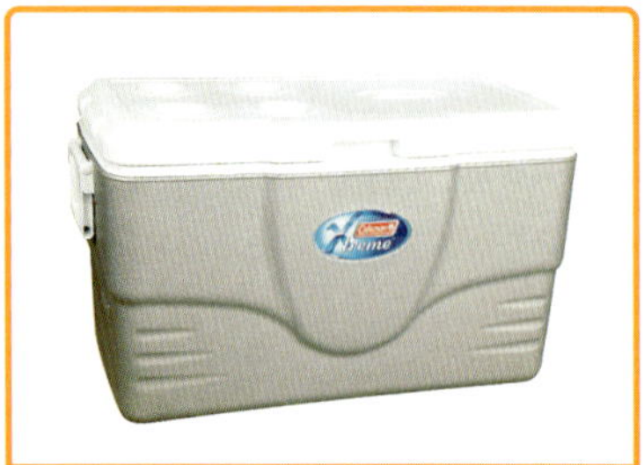

ハードクーラーボックス

大きなクーラーボックスは食材を入れると重くなります。45ℓ以下が使いやすいサイズ。足りない場合はソフトタイプと併用しましょう。

ツーバーナー

4人以上の多人数のキャンプでは必需品。しかし少人数キャンプでは、シングルバーナーの複数使用が総合的に有利な場合もあるのです。

ウオータータンク

水場のあるキャンプ場でも必需品。装備豊富なオートキャンプでは、調理全般を自分のサイトで行なうのが普通。身近に水がほしいのです。

バーナースタンド

ツーバーナーを載せて使います。一般的には汎用スタンドと呼ばれていて、ゴミ袋をかけて、ゴミ箱として利用することも可能。

包丁・まな板

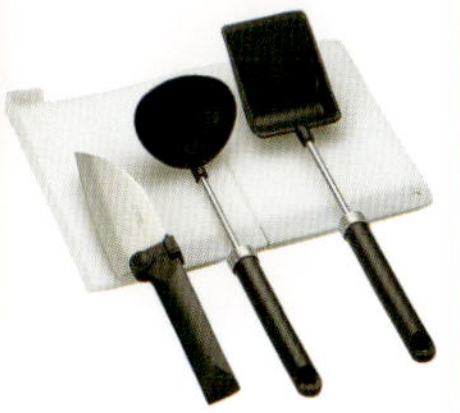

アウトドア専用は小さなモノが多く使いにくい。家庭で使うモノをアウトドアで使用するのがベスト。

食器類

割れにくくシンプルなデザインであれば、家庭用の食器をキャンプ場で使うのもしゃれています。野外用は丈夫です。

クッカー

大鍋、中鍋、小鍋とフライパンがセットになっているのが一般的です。素材はステンレス製が使いやすいでしょう。

楽しみを広げる できれば揃えたい「食」の道具

オートキャンプ最大の楽しみは食事だ! と答える人が多い。その楽しみをより深く広げてくれる道具を紹介します。少しずつ買い揃えて、長く楽しみたいアイテムたちです。

キッチンテーブル

キッチン関係をすべてまとめて設置できる大型スタンドです。長期キャンプでは、あると便利でしょう。

火おこし道具

皮手袋、火バサミ、斧、ナタ、フイゴ、ウチワなどは常備しておきたい道具たちです。

バーベキューグリル

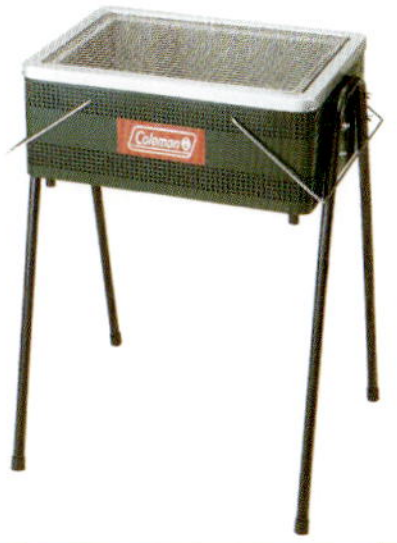

バーベキューから炭火料理まで活躍する便利なグリルです。和風の七輪も捨てがたい味があります。

シングルバーナー

テーブルに置いてスグに使える小型バーナーです。少人数のキャンプならこれを2つ持てば便利です。

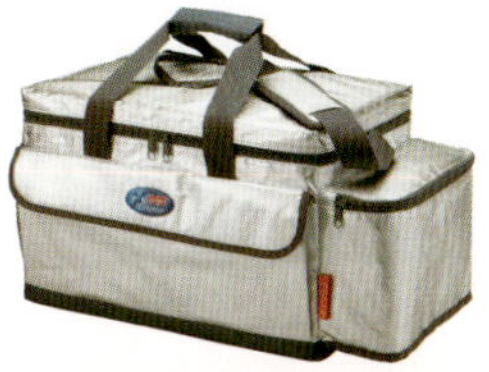

ソフトクーラーボックス

使わないときは小さく収納できるソフトクーラーボックス。サブクーラーとして使うと便利です。

ダッチオーブン

あらゆる料理を可能にする万能鍋。重い鉄製の鍋は、使い込むほどに味が出るキャンプ料理の相棒です。

スモーカー

簡単な燻製ならキャンプ中にも完成します。小型のスモーカーなら持ち運びも簡単です。

ウオータージャグ

テーブルに置いて使う。ウオータータンクと違って保冷力があるので冷たい飲み物を入れておきましょう。

焚き火台

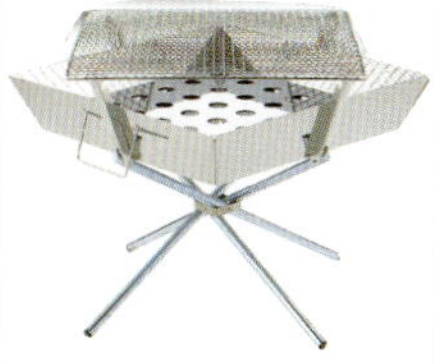

直火禁止のキャンプ場でも、これがあれば焚き火ができます。また火床の移動も簡単なので便利です。

バーナーの種類と各部の名称

ひとつ用意するだけでアウトドア料理の幅が広がる！

本来のアウトドアクッキングとは、焚き火や炭火を利用して調理することです。しかし食事のたびに火をおこすのは、時間の無駄ともいえます。そこでバーナーをひとつ持ちましょう。一杯のお茶も気軽に飲める、我が家同然の快適さを手に入れることができるのです。

ガスかガソリンか？

バーナーの種類と特徴

バーナーにはシングルバーナーとツーバーナーがあり、それぞれにガスカートリッジ式とガソリン式が販売されています。手軽に使えるのはガスカートリッジ式。燃費と火力ではガソリン式が有利です。

ガソリン式ツーバーナー

低温でも安定した強い火力

ガソリン式ツーバーナーは、外気温度に関係なく強い火力を得られるのが魅力です。大きな鍋も安定して載せられるので、大人数のキャンプには必需品だといえます。燃費の良さも長期間の使用ではうれしいことです。

ガスカートリッジ式ツーバーナー

台所感覚で手軽に使える

ガスカートリッジ式ツーバーナーはすべてがワンタッチで使用できることが魅力です。しかし外気温が下がると火力が落ちることと、カートリッジガスを使い切るのが困難なことが残念です。

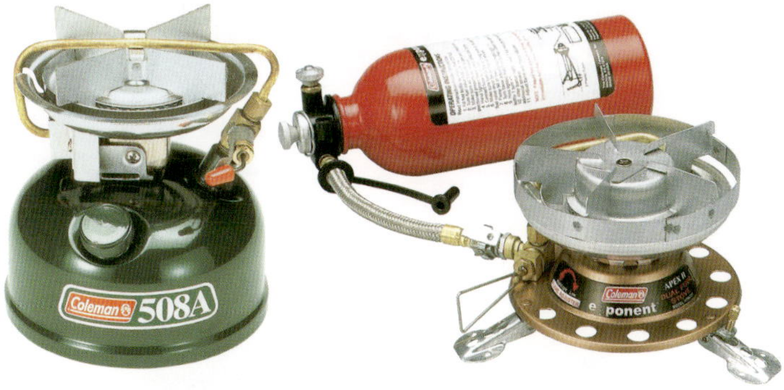

ガスカートリッジ式シングルバーナー

テーブルクッキングのパートナー

手軽さはツーバーナー以上。いつも側において、便利に使えるバーナーです。外気温低下に伴い、火力低下はおこりますが、熱いタオルなどをカートリッジに巻いて対処します。また、寒冷地用のカートリッジもあります。

ガソリン式シングルバーナー

ソロキャンパー向けのバーナー

これはガス式にくらべて重いのが普通です。しかし燃費がよく、自動車のガソリンを使用できるタイプもあります。テーブルに置けますが点火と消火に手間がかかり、オートキャンプには適していません。

知っておきたい 各部の名称と特徴

ここではガソリン式ツーバーナーとガスカートリッジ式シングルバーナーをもとに各部の名称と特徴を解説します。

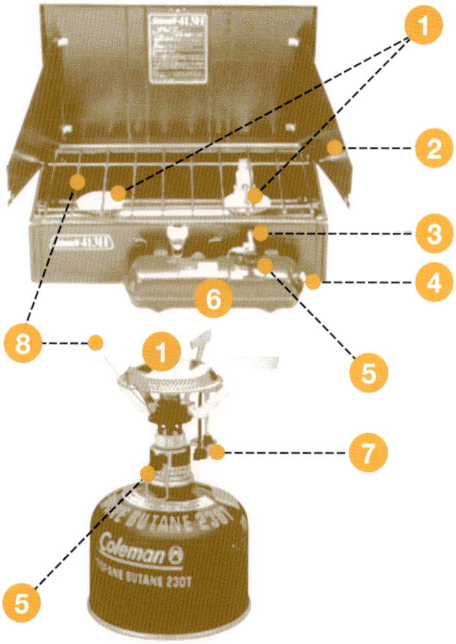

① バーナー部

火が出るところです

青い炎が安定して出れば正常です。赤い炎が不安定に出るようならメンテ時期だと判断します。

② 風防

サイドからの風をよける

カバーを開けて燃料タンクとゴトクをセットしたら、カバーから起こしてセットします。フードとも呼ばれています。

③ ジェネレーター

ガソリンを気化させる

加圧されたガソリンはこのパイプを通りながら気化します。気化したガソリンが点火して燃える仕組みです。

④ ポンピングノブ

燃料のガソリンに加圧する

ガソリンを噴出させるために加圧するポンプです。通常は20回～30回ほどポンピングします。

⑤ 火力調整つまみ

燃料バルブとも呼ばれる

ガソリンやガスの噴出量を調整して火力を大きくしたり小さくしたりするツマミです。

⑥ 燃料タンク

ガソリンをためるタンク

燃料を補給するときは燃料タンクを水平にして補給しましょう。空気が入る空間も必要です。

⑦ 自動点火装置

ガスカートリッジ式の特典！

ガソリン式には、構造上取り付けられない自動点火装置です。マグネットを利用して火花を出します。

⑧ ゴトク

鍋を載せる台です

このゴトクの広さとバーナー部の大きさで、使用できる鍋やフライパンのサイズが決まります。

食材と水の保存に欠かせないクッキングアイテム

大切な「食材」と「水」にかかわる道具の紹介です。キャンプ場ではいわばクーラーボックスが冷蔵庫、ウオータータンクやジャグは水道であると考えてください。そうすれば、料理に限らずキャンプ生活には欠かせない道具だということがわかるでしょう。

クーラーボックス&タンクの種類と各部の名称

大は小を兼ねません！

クーラーボックス&タンクの種類と特徴

大きなクーラーボックスは、非常に重くなってしまい使いづらいのです。4人のキャンプなら、45ℓくらいのハードクーラーボックスと、サブにソフトクーラーを使用するのがベストです。ウオータータンクは20ℓが目安です。

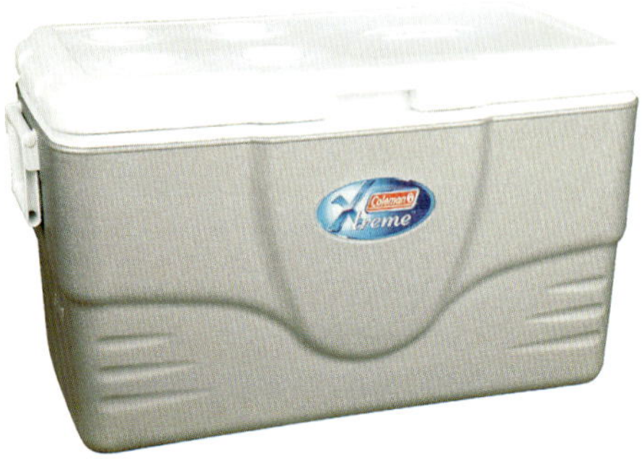

ハード クーラーボックス

シンプルな構造を選ぼう

一般的にクーラーボックスと呼ばれているのが、このハードクーラーボックスです。シンプルなキャンプ用と、造りが少し複雑な釣り用があります。保冷力はシンプルな方が優れています。

ソフト クーラーボックス

使わないときは小さく収納できる

最近多く見かけるソフトクーラーボックスです。15ℓから20ℓくらいのサイズをサブクーラーとして使用すると便利です。例えば飲み物専用ボックスとして使うのです。

ウオータージャグ

保冷力が魅力です

ウオータータンクと違い、保冷力を持つのが特徴です。サマーキャンプではテーブルの上に置いて、いつでも冷たい水が飲めるようにしたいものです。熱中症対策にも有効です。

ウオータータンク

キッチンまわりに置きたい

水には不自由しないキャンプ場でも、近くに置きたいのが水なのです。また節水の勉強にもなりますから、まずは4人で一晩20ℓ以下で過ごしてみませんか？ なかなか面白いゲームです。

確認しておこう

各部の名称と特徴

クーラーボックスとウオータータンクの両方に、運びやすいホイール付きのタイプがあります。しかしキャンプ場の地面は凸凹なので、あまり有効ではありません。ここではクーラーボックスとウオータータンクの各部の名称と特徴を解説します。

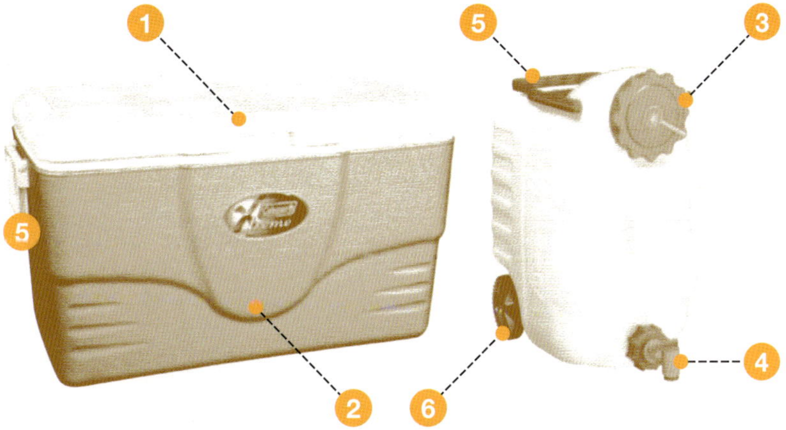

① フタ

食材の出し入れに使う

取り外せるタイプと、蝶番があり片側開きのタイプがあります。私的には前者が使いやすいと思います。

② ボディー

断熱効果の要です

外装はポリエチレン、断熱材は発泡ウレタンを使用している製品が多い。発泡スチロールの箱も保冷力は高いです。

③ 開口部

給水口として使用します

大きな開口部はウオータータンクに水を入れるときに使用する給水口。パッキンが内蔵されています。

⑥ ホイール

楽に運べるはずですが……

ホイールで楽に運搬できるように設計されていますが、日本のキャンプ場には凹凸があり機能しない場合もあります。

⑤ ハンドル

運搬時に使用します

このウオータータンクはホイール付きなので、引きやすい形状のハンドルが付属しています。

④ 蛇口コック

移動時は収納できる

使用しないときは蛇口コックを開口部のフタ裏に取り付ける構造です。移動中に蛇口コック破損の心配は不要です。

クッカー&ダッチオーブンの種類と各部の名称

煮る、焼く、蒸す、炊く…何役もこなすマルチ調理器具

キャンプクッカーとは、サイズ違いの鍋とフライパンを組み合わせ、コンパクトに収納できる鍋セットのことです。性能は高くありませんが、軽量化のために薄い素材を用いたり、焚き火や炭火にも置けるように、ハンドルは取り外せる構造になっているものもあります。

特性を知って使いこなす

クッカー&ダッチオーブンの種類と特徴

キャンプクッカーは素材自体が薄いため、火力調節を間違うと焦げてしまうので注意が必要です。またダッチオーブンは厚い鉄鍋ですから、蓄熱性の高さが自慢。プレヒートして弱火で調理するのが基本です。

クッカー

少し大きめが使いやすい

1人用から10人用までサイズは豊富に揃っています。必要な容量より少し大きめのクッカーが使いやすいのでオススメ。オートキャンプなら重量は問題になりません。厚手のシッカリしたクッカーを購入しましょう。

マグカップ

保温力は抜群です

中空の二重構造で保温力を高めています。口元も熱くならず扱いやすい。しかし収納には不向き。カップごと火にかけても温めることができないほどの断熱性です。

シェラカップ

重ねて収納できるカップの定番

シェラデザインという工房が開発・デザインしたアウトドア用品の傑作です。積み重ねて収納できて使用感も抜群です。熱伝導が良すぎて口元が熱くなるのが難点。

STEP UP! ダッチオーブンの脇役たち

ダッチオーブンはとても熱くなり、重い鍋ですので、安全に扱うための補助用具が必要なのです。下の写真はトライポットと呼ばれる三角錐の鉄棒。3本脚の開き加減と鎖でダッチオーブンを吊します。

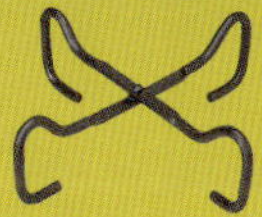

▲左はスタンド。足のないダッチオーブンを載せる台です。右はリフター。フタを扱うハンドルです。ダッチオーブン使用時の必需品です

スキレット

使いやすい万能フライパン

ダッチオーブンの仲間です。熱い鉄板の蓄熱効果で、料理を短時間でおいしく仕上げる力があります。もちろん日常の料理にも大活躍します。

キャンプダッチオーブン

重いけれども万能調理鍋

最近は随分親しみやすくなったダッチオーブン。ほとんどすべての調理方法に対応します。写真はアメリカ製の鋳鉄製ですが、黒皮鉄板を素材にした日本製も優れています。

キッチンダッチオーブン

ダッチオーブンの原型です

キッチンのガス台にも載せやすくするために脚が付いていません。また、フタにはセルフ・ベイスティング・システムという突起が付いていて煮込みには最適です。

調理に役立つ 各部の名称と特徴

ダッチオーブンとキャンプクッカーにはそれぞれ特徴があります。鍋としては基本的にすべて同じなのですが、使い勝手を良くする工夫が随所に施されていると考えましょう。

1 持ち手

フタを扱うためにある

ダッチオーブンのフタは、重いうえに加熱時の扱いは大変。持ち手はテコを利用したリフターのためにあります。

2 フタ

重くて気密性が高い

ダッチオーブンのフタは、その重量と気密性で調理に貢献する構造になっています。密着させて使用するのが基本。

3 フランジ

炭を落とさない縁取り

ダッチオーブンはフタに炭火を置いて使用します。炭が落ちないようにした縁をフランジと呼びます。

4 ハンドル

持ち運びのための強い取っ手

ダッチオーブンは12インチサイズでも約10kgもあります。中に料理が入ればさらに重くなるのは当然です。

5 脚

キャンプダッチオーブンの特徴です

この3本の脚があるおかげで、焚き火に置きやすく、ダッチオーブンを積み重ねての使用も可能なのです。

6 取っ手

取り外せるのが基本です

キャンプクッカーの取っ手は、すべて取り外せなければいけません。焚き火や炭火に置くためです。

7 本体

肉厚の鍋が理想です

軽量化を進めるため、鍋の肉厚を薄くする傾向がありますが、使いやすい鍋は適度な肉厚をもった鍋なのです。

グリル&スモーカーの種類と各部の名称

バーベキューと燻製料理を支える調理道具の名脇役

日常生活から離れてキャンプ場に向かうワケですから、食事だって普段とは違う料理を楽しみたいと思うのは当然です。そんな気持ちに応えてくれるのが、ココに紹介するグリルやスモーカーたちです。炭火や燻製を存分に楽しむのも、キャンプライフのひとつです。

炎を操る醍醐味

グリル&スモーカーの種類と特徴

グリルには、炭火を使用するバーベキューグリルと焚き火に使用する焚き火台があります。焚き火と炭火を兼用・混用すると耐久性に問題がでます。スモーカーは段ボールの簡易的なモノから大型まで種類は豊富です。

バーベキューグリル

これ1台で食事がにぎやかになる

網焼きと鉄板焼きを楽しむバーベキューには欠かせないアイテムです。卓上タイプとテーブル脇に独立させて置くタイプがあります。また、これで焚き火をするとスグにダメになってしまいますので、注意が必要です。

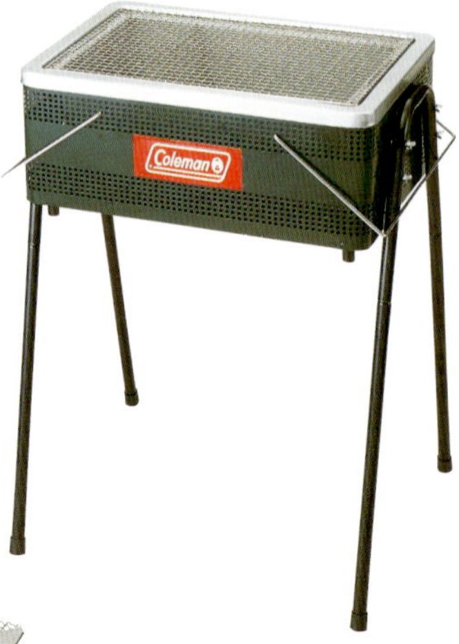

焚き火台

観賞から調理までこなす

焚き火台は直火不可の場所で焚き火をするための道具。移動や火力調整が簡単にできて便利です。見るための焚き火から調理用まで用途に幅があり、ダッチオーブンを載せることができる種類もあるのです。

STEP UP! 燻製を作るケムケムの素

燻製づくりに欠かせないのが、木材を細かく砕いたスモークチップと、粉末にした木材を棒状に固めたスモークウッドです。これらから出る煙が食材にかかり、独特の風味を醸し出すのです。

▲スモークチップは燃えない容器に入れ、熱源を使ってチップを焦がして煙を出します

▲スモークウッドは点火すると線香のように安定して燃え続けるので、初心者も安心して使えます

スモーカー

たたんで収納できる優れもの

小型のスモーカーですが、使用しないときはたたんでおけるので、オートキャンプには最適な1台です。

段ボールスモーカー

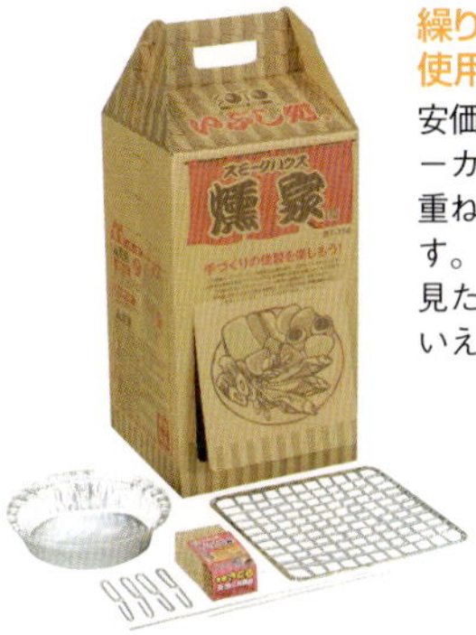

繰り返して使用できます

安価な段ボールのスモーカーですが、回数を重ねての使用も可能です。まず燻製を試して見たい人には最適だといえます。

スモーカーグリル

持ち運びには不向きです

この大型スモーカーはグリルとしても機能する設計です。しかし大きすぎて車では運びにくく、例えば庭でバーベキューをするときに使います。

使いこなすために 各部の名称と特徴

普段の生活ではなじみのないグリルとスモーカー。各部の名称を覚えて充分に活用できるようにしましょう。中型のバーベキューグリルと小型のスモーカーを例に解説します。

❶ 焼き網

充分空焼きしてから載せること

肉や魚を焼くときに載せる網です。よく焼いてから食材を載せると、こびりつきが少なくなります。

❷ 火床

大きすぎず、小さすぎずです

炭を載せる所です。大きすぎたり、深すぎると炭の大量使用になり、不経済なうえに熱い思いをします。

❸ 通気孔

炭火を安定して燃やすため

炭火が燃えるのには酸素が必要です。この通気孔から新鮮な空気を入れれば炭はよく燃えます。

❹ 載せ網

低温でいぶす食材用の網

スモーカーの上部にセットして、比較的低温で燻煙する食材を載せます。

❺ S字フック

食材を吊すために

魚などは吊して燻煙すると、都合良く水分が抜けて上手に燻製が完成します。これは吊り下げ用です。

❻ 受け皿

スモークチップやウッドを載せる

スモークチップやウッドを載せる皿です。チップを載せるときは皿の下にバーナーなどの熱源を置きます。

ショップの特徴別キャンプ用品購入術

キャンプスタイルや道具によって購入先を賢く変える

年に一度のバーベキューからキャンピングカーでの日本一周まで、キャンプスタイルはさまざま。そのためキャンプ用品は多種多様にあり、目移りする現状です。目的をハッキリさせてから店を選んで購入しないと、耐久性や価格に不満が残りますからご注意ください。

経験を積みながら

キャンプ道具を買い揃える

オートキャンプには、機能的な道具を使いこなす楽しみがあります。ただ、少ない道具で「工夫を楽しむ」のも醍醐味のひとつ。経験を重ねながら少しずつ道具を揃えましょう。道具に振り回されないようにしてください。

お店の特徴を知る

どこで道具を買うか

販売価格を見れば量販店が有利に見えます。しかし、販売されている製品は量販店専用で、耐久性に劣る品質の場合もありますから注意が必要です。使用頻度と価格、商品知識のバランスを見ながら、購入するお店を選ぶことが肝心です。

価格の安さが魅力

量販店

ゴールデンウイークから夏休み期間は、品揃えが豊富で価格も魅力的。しかし量販店オリジナル商品もあり、安いが耐久性に劣る製品が存在します。長期間使用する道具の購入には注意が必要です。また販売員にはあまり期待ができません。

●オススメ購入品

燃料やマントルなどの消耗品、季節限定の簡易的なキャンプ用品。

●品揃え

少　多

●価格

安　高

商品知識が豊富です!

アウトドア専門店

お店がセレクトした確かな製品が多く、メーカーにとらわれずに選択できるのがうれしい。販売員も経験豊富な人材が多く、安心して相談しながら購入できるのが魅力です。またアフターケアにも対応しているお店が多く存在します。

●オススメ購入品

耐久性が必要なテント、バーナー、テーブル、チェアなど基本的な用品。

●品揃え

少　多

●価格

安　高

膨大な商品情報から選択できる

インターネット

世界中とつながるインターネットは、個人輸入なども可能なのが魅力。価格の比較も簡単なので、安く購入することもできる。時代の先端を行く購入方法で、活用するメリットは多い。ただし経験を積んでいないと失敗の恐れもあるので注意しよう。

●オススメ購入品

日本では発売されていないレアな製品。ただし、製品がイメージできる商品。

●品揃え

少　多

●価格

安　高

好みのメーカーなら価格も魅力

メーカー直営店

文字通り自社製品を中心にした品揃えです。総合店ではキャンプ用品をすべて揃えることも可能です。一部にはアウトレットショップもあり、商品によっては価格も魅力的です。販売員の知識は豊富なので、幅広く相談に乗ってくれます。

●オススメ購入品

そのメーカーが好みならオススメですが、すべてが優れているワケではない。

●品揃え

少　多

●価格

安　高

車に荷物を積み込む

すぐ使うモノは最後に積むのが基本

SUVなどの積載スペースが大きい車ともなれば、積み込みはいい加減にナリがち。積み込みは安全運行にも欠かせない要素ですから、キチンとした方法を覚えよう。クーラーボックスなど、道中の買い出しで使用するモノは取り出しやすい場所に置くのが基本です。

すき間を作らない！

荷物の積み込み方法

車に積み込む際に注意するポイントは、後方視界の確保。次いで不意の急ブレーキでも荷物が飛び出さないように積むこと。荷物が互いに擦れて音を立てたり、キズがつかないように注意することの3つです。

01

4人分のキャンプ道具を収納する
ココにあるのが基本的なキャンプ道具です。実際には私物のバックなど、さらに増えると思います。

02

車内を汚さない
ブルーシートを使ってカーゴスペースを覆います。雨キャンプでは特に有効です。

03

平らに積みはじめる
硬いモノ、重いモノから積みます。後で重ねて積むので、平らに積む工夫をします。

04

すき間を埋める
柔らかいシュラフなどは緩衝材としてすき間に入れよう。軽い道具は上部に積みます。

ココがポイント

上手に積み込むコツ

ココでは積載の注意ポイントをひとつひとつ解説します。上手に積載すると車の運転も楽になりますから、たかが積載と思わず、ご自分の車とキャンプ道具について考えてほしいと思います。

収納ボックスを活用する
キッチン用品などは、まとめて収納してから積載します。折りたたみ式コンテナボックスは便利です。

ガラス付近は柔らかい荷物
サイドガラスのトラブルを避けるためにも、ガラスには硬い荷物を接触させないようにします。

シートの高さを越えない
積載物がシートバックを越えると後方視界が不足します。またブレーキの反動で荷物が飛び出して危険。

割れやすいランタンの保護
ランタンはマントルとホヤが壊れやすいので衝撃は禁物。シュラフや新聞紙などを緩衝材に使う。

クーラーボックスは後方に置く
買い出しなどで使用するクーラーボックスは、使いやすい位置を確保して収納します。

極意教えます

上手な積み込みは安全運転を助ける

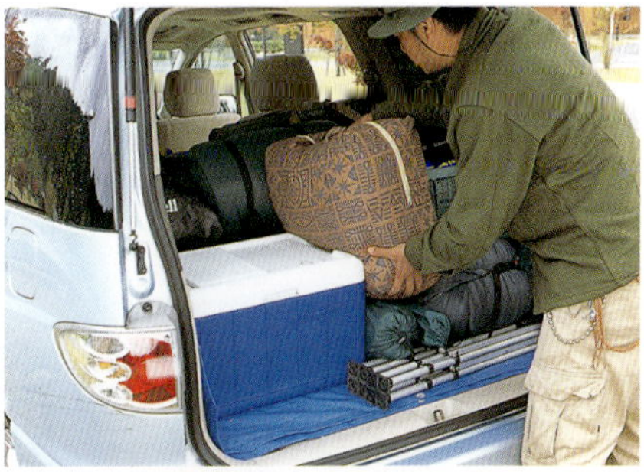

シュラフで固定する
硬い荷物と荷物の間は、シュラフなど軽量で柔らかなモノを挟んでおこう。これで音とズレが解消する。

STEP UP! スペースに無駄を作らないコツ

効率よく積載するために、必ず1度荷物を車後方に集めてから積む習慣をつけましょう。こうすることで積載の順序が決めやすく、無駄のない積載が可能になるのです。手当たり次第に積んではダメなのです。

次のキャンプのための賢い収納・保管術

道具への愛着は使わないときこそ表れるもの!

帰宅後の手入れや保管は面倒なモノ。しかし正しい手入れと保管をおろそかにすると、道具の寿命を縮めることもありますから、キチンと管理して長く愛用する習慣をつけましょう。普段より厳しい環境に身を置くキャンプでは、道具は大切な相棒ですよ。

大切な道具だから 保管時の注意点

頻繁に使用するキャンプ用品の保管は簡単です。極端な話ですが、明日張るテントは濡れていてもカビの心配はないのです。使用頻度が少ないキャンプ道具こそ、いつまでも愛用するために正しい保管を心がけましょう。

その1 高温多湿の場所は避けよう!

高温多湿はキャンプ用品以外でも嫌われますが、高温は特に燃料に危険です。40℃以下で保管しよう。多湿はカビとさびを発生させ、思わぬ事態を引き起こします。梅雨時と夏期は換気に注意です。

その2 長期保管時には燃料を抜き取ろう!

ガソリンを使うバーナーなどは、満タン保管をオススメしましたが、長期間使用しない場合は燃料を抜き、乾燥密封保管します。燃料変質を回避するためです。電池の場合も抜いて保管しよう。

その3 「コンパクトに収納」が基本!

かさばる道具が多いキャンプ用品。収納場所を効率よく利用するためには、小さくまとめておくことが大事です。モノはできるだけ重ねて、クーラーボックスなどの中にも収納するように考えよう。

STEP UP! 耐久性を考えて保管しよう!

賢く収納・保管するためには、撤収時から気をつかっておく必要があるのです。ここでは、道具を傷めず長期間使用できる状態にするためのコツを、テント(タープ)と食器についてそれぞれ見ていきましょう。

◀テント生地の傷みはたたみ目から起こります。ときどきたたみ方を変えれば傷みは軽減する

▶湿ったままではカビが生えます。食器は洗浄後によく乾燥させせよう

ライフスタイル別 どこに収納するか

収納場所の確保はキャンプを楽しむうえで、かなり重要なポイントです。キャンプ道具の収納に困り、キャンプをやめた友人もいたほどです。生活環境によって選択肢は限られますが、各自の収納場所を最善な環境にする努力が大事です。

いつでも出かけられる手軽さ!

車中

大型のSUVやワゴン車に多く見られる収納場所。ただ、夏場には車内温度が異常に上がるので、燃料の保管は危険です! 燃料の保管は絶対避けよう。それ以外の道具を積んでおけば、いつでもスグにキャンプへ出かけられて便利です。

○メリット

思い立ったらスグに出られること。乾燥に気をつかわないで済むこと。新たに保管場所を確保する必要がない。

×デメリット

車の燃費が悪くなる。また重量のあるキャンプ用品の長期保管は、車と道具の耐久性に悪影響が出ます。

身近に置いて管理しやすい

押し入れ・クローゼット

キャンプ用品を部屋で保管すれば、メンテがしやすくなり、さらにメンテ自体を楽しむにも最高の保管場所といえます。しかし妻帯者には家族の同意を得るのが難しく、独身者向けの収納場所といえるでしょう。

○メリット

いつでも取り出し、維持点検、手入れができること。道具愛好家には最適な保管場所だ。

×デメリット

湿度が高く、乾燥に気をつかう場合もある。またキャンプ用品の積み込みと収納が面倒な場合もある。

近くにあれば意外に便利です

レンタルボックス

鉄道貨物のコンテナなどを再利用しています。セキュリティーは高く、ホコリの進入が少ないので保管には適しているでしょう。ただし温度と湿度の管理は不充分なので燃料保管は厳禁。自宅から近距離にあれば便利に活用できる保管場所です。

○メリット

カギがあるので安心して保管できる。予算に応じてスペースを借りることも可能。24時間いつでも利用できる。

×デメリット

毎月利用料がかかること。湿度と温度の管理は不充分なので、ときどき陰干しなどの管理をする必要がある。

設置場所が大事です

倉庫・物置

最も安定して保管できる場所が倉庫や物置です。適度な空気循環が湿気を抑え、カビやさびの発生も最少にしてくれます。また設置場所を選べれば、車への積み込みや帰宅後の収納も、簡単に済ませることが可能です。

○メリット

積み込みや収納が手軽にできる。汚れたキャンプ用品の収納もまわりを気にしないで済むこと。

×デメリット

ホコリがかかることがあり、清潔に保ちづらい。設置にはスペースが必要であり、土地に余裕がないと不可能。

天候・道路情報と周辺施設のチェック

オートキャンプをもっと楽しくするためのプラスα情報

「食べて寝る」だけがオートキャンプではありません! 好みのアクティビティーを取り入れることで、キャンプの楽しみは深まっていくのです。積極的に情報を取り入れ、活用してください。また天候や道路情報も忘れずにチェックする習慣を身につけましょう。

ラジオやネットを活用!

天候・道路情報を収集する

台風や低気圧の接近など荒天が予想される場合に限らず、出発前に細かな情報を収集する努力が必要です。電話だけでなくラジオやインターネットも役立つ情報源ですので、ぜひ活用してください。

●天気予報

☎177

最も手軽な方法は電話ですが、即時性や局地性ではラジオやインターネットが優れています。また天気図を見てある程度予想ができるような知識があると安心です。

●道路情報　日本道路交通情報センター

☎0570-011011

移動時間の節約に道路情報は欠かせません。電話のほかにラジオやカーナビの渋滞情報もチェックしましょう。渋滞は燃費の誤算や脱水症状などトラブルの原因にもなります。

楽しみ満載！
アウトドアスポーツ&温泉施設のチェック

オートキャンプは、それ自体を目的にするのではなく、単なる宿泊施設としてとらえることも可能です。そのため滞在中、あるいは帰路の途中にスポーツや温泉を楽しむことも、キャンプの遊び方のひとつなのです。

食材確保か？ スポーツか？
フィッシング

キャンプ場に併設する管理釣り場なら、釣れない方が不思議なくらいでしょう。また湖畔のキャンプ場でスポーツフィッシングに挑戦すれば、きっと時間を忘れるほど夢中になることでしょう。釣り道具はレンタル品も多く、手軽に楽しめます。

風を感じて汗を流す！
サイクリング

都市から離れたキャンプ場周辺は、交通量が少なくサイクリングには最適な環境。多くのキャンプ場では、レンタル用品に自転車を用意しています。また、場内にサイクリングコースや本格的なマウンテンバイクのコースを設置しているところもあります。

探す楽しみ、クセになる快感！
温泉

温泉施設があるキャンプ場が増えてきました。これなら手間をかけずに入浴できますね。また場内にはなくても、周辺に温泉施設があるキャンプ場は多く存在します。自分のキャンプサイトをベース基地にした温泉めぐりは楽しみの極地です。

水面から見上げる景色に感動！
リバーツーリング

カヌーで川を下りながら見る風景は新鮮です。もちろん手軽に湖水を楽しむことも可能です。初心者でも楽しめるカナディアンカヌーをレンタル設定しているキャンプ場なら、簡単なインフォメーションとライフジャケットの着用で楽しめます。

COLUMN

達人のオートキャンプ噺(ばなし)

その5

人生を共にできる鉄鍋“ダッチオーブン”

野外料理好きの間で人気のダッチオーブン。アメリカ開拓時代に、オランダ移民が売り歩いてアメリカ中に広まったという。万能性と堅牢さで、現在ではアメリカン・アウトドア・クッキングの定番といってもおかしくない存在だ。

私のように、キャンプの原点をカウボーイに対する憧れとしている人はもちろん、そうでない人でも、一生使い続けることのできる不思議な魅力がある鉄鍋だ。なにせ一生モノの鍋だから、使用前には慣らしが必要になる。メンテナンスも事細かにあり、男の料理道具（女性ファンも多いのだが）としての価値は充分にあるのだ。

購入時に忘れてはいけないのが、リフターだ。これはフタをコントロールするハンドルのことで、買っておかないと調理中の事故にもつながる。工夫されつくした形状は見ているだけでも楽しいから、ぜひともオススメだ。

PART 6 オートキャンプ知っ得ファイル！

オートキャンプに出かければ人と車と自然を相手にするわけですから、これらが引き起こす不意のトラブルとも決して無縁ではありません。トラブルを避ける、あるいは迅速に対処するために、知識や情報が詰まった「引き出し」を頭に入れておくと便利でしょう。ここでは、オートキャンプをもっと楽しむための、知って得する情報を紹介します。

愛犬とのキャンプに必要なしつけの基本

楽しいキャンプのために不安を取り除き車に慣らしてあげよう!

ドックラン付きのキャンプ場が増えてきました。愛犬のリードを解き放ち、自由に遊ばせることができるキャンプ場は愛犬家には魅力です。まず車を好きになってもうことから始めます。車で出かけると、必ず楽しいできごとが待っていると記憶させるのが肝心です。

近距離から始める 車に慣らす方法

子犬のうちから慣れてもらうのが理想。子犬も成犬も最初は5分以内のドライブからはじめ、少しずつ距離と時間をのばそう。車から降りたら思い切り遊んであげて、「車に乗ると楽しい!」という記憶を持たせましょう。

レッスン1

車に近づける

犬はテリトリーを意識して行動する習性があります。不意に見知らぬ場所に置かれると不安がつのるので、まずは車のにおいや空間に慣れてもらう。家族と共有する楽しい空間だと認識すれば大成功。車を動かす前に行ないます。

レッスン2

犬を抱いてリアシートに座る

車内に慣れたらいよいよドライブ。最も信頼している飼い主の膝に抱き、安心させながら走ります。息づかいが荒くなったり、落ち着かない場合は車酔いの可能性があります。停車して休み、無理をせず短距離からはじめましょう。

レッスン3

ラゲッジルームに乗せる

落ち着いて乗車できるようになったら、飼い主の膝から降ろします。ラゲッジルームに限らず、愛犬の安全確保のためにある程度自由を制限する方法をとろう。ケージに入れたり犬用シートベルトの着用をオススメします。

教えておきたい 基本的なしつけ

愛犬とのオートキャンプに特別なしつけは必要ありません。普段から信頼関係ができていれば大丈夫です。しかし噛まない、無駄吠えしないは最低限のルールですから、しっかり教えまよう。しつけは犬と人間の共存に不可欠です。

●スワレ
「座れ」はしつけの基本中の基本です。主従関係をハッキリさせるためにも絶対に必要です。

●フセ
「伏せ」と「待て」ができると、愛犬と共にレストランにも出かけることが可能になります。

●オイデ
愛犬がリードから離れても心配のないように教えておこう。愛犬の自由も広がるしつけです。

●マテ
「待て」ができないと人間の行動が制限されます。おとなしく待てるように繰り返し教えよう。

安全を確保する 車に乗せる方法

走行中の車内で愛犬を自由に行動させると、不意に運転をじゃまされたり、気を取られて運転を誤る可能性があります。急ブレーキや衝突の力が加われば、シートベルトで守られた人間を飛び越えて、ダメージを受けるのは愛犬なのです。

ATTENTION!

ドアからの飛び出しに注意！ 事故を防ぐためのしつけ

鼻先を挟まぬように注意しながら、無言でドアを閉めることを繰り返す。飛び出しをやめたら褒めて「マテ」と声をかけ、リードをつけて車外に出すようにしよう。

その1 ケージに入れて乗せる
ケージをラゲッジルームに固定して置きます。慣れたケージは安心感を与え、狭さが万が一のダメージを小さくしてくれます。夜はケージで寝ることも可能。

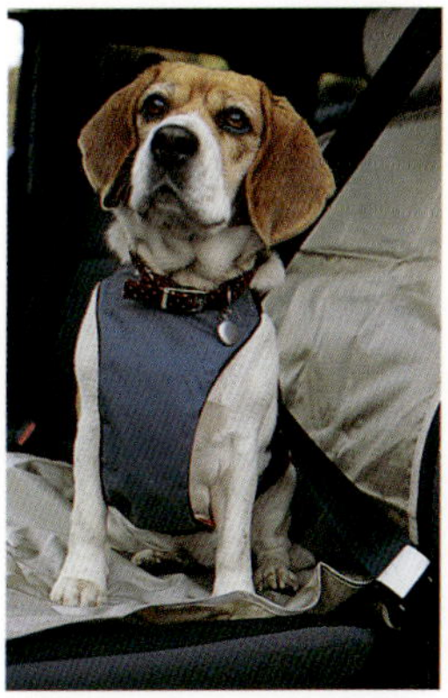

その4 犬用シートベルトを着用する
衝突時の安全保証がない製品が多く残念ですが、行動の制限や急ブレーキなら充分機能します。装着後、車のシートベルトに通します。

その3 シートをキズや汚れから守る
ネオプレーンゴム素材を使用した市販のマットをシートに敷いておくと、不意の嘔吐や失禁によるシートの汚れを軽減できます。

その2 ボックスに入れて固定する
市販のボックスを後部座席に固定して乗せます。箱の中から愛犬は出られない構造です。顔が見えるのでお互いに安心です。

キャンプ場でのマナーと繋留・就寝の方法

他人に迷惑をかけないことがドッグキャンパーの基本

噛まないことと無駄吠えせず待てることが、キャンプ犬として最低限のルール。かわいがるだけでしつけをおろそかにすれば、愛犬が不自由な思いをするだけです。叱られずにいつもケージの中にいる犬は幸せでしょうか? しつけを受けた犬には大きな自由があるのです。

愛犬家だけではない
キャンプ場でのマナー

愛犬とのキャンプにはたくさんの出会いがあります。見知らぬ人が愛犬にほほ笑みかけてくれたときは、笑顔で応えることがマナー。思いやりと気づかいの心を忘れずに愛犬とのキャンプを楽しむ心の余裕を持ちましょう。

リード着用は約束です!
キャンプ場では愛犬をリードから解放してあげたいところですが、着用しましょう。愛犬家だけがキャンプを楽しんでいるワケではないので当然です。もちろんフンの始末もキチンとしてください。

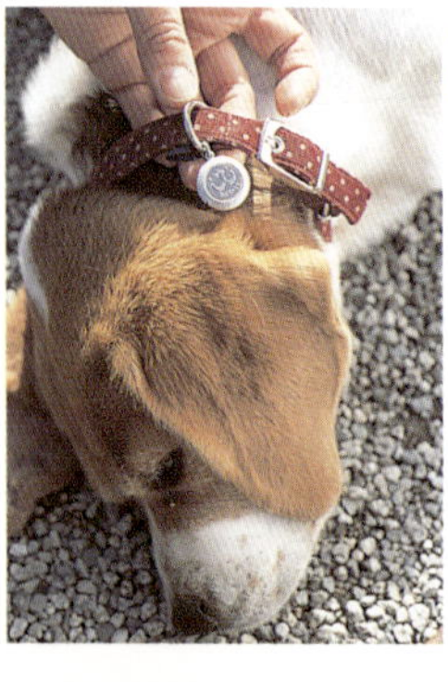

名札をつけて安心感を得る
写真のようなしゃれたネームタグも市販されていますが、首輪の裏側には犬の名前と飼い主の連絡先を書きましょう。これではぐれた場合の安心感が違います。もちろん愛犬の戻る確率が高くなるのです。

ATTENTION!

キャンプ場によってはペット不可のところもある
さまざまな理由からペット入場禁止のキャンプ場が存在します。予約の段階で必ず確認するようにしてください。またシーズンや曜日によって制限のあるキャンプ場もあるので注意が必要です。

お互いのきずなを深める

テントの中での繋留・就寝の方法

お互いの信頼関係を深める時間です。犬連れキャンプの就寝は、犬と人間が癒される時間だととらえて大切にしてください。ただしテントの出入り口を犬は簡単に開けてしまいます。必ず繋留（つなぐこと）をして寝る習慣をつけましょう。

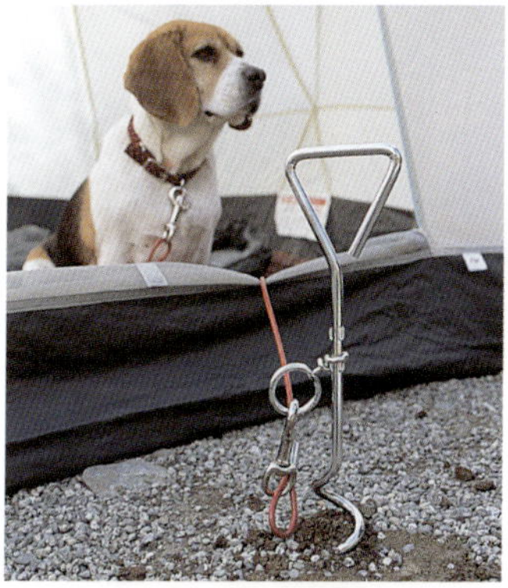

市販の係留用の杭を持参する

サイトにいる間や就寝時の繋留に使用。サイトにはフックやアンカーはありません。車や立ち木の利用も可能ですが持参すると便利です。

においのついたマットを用意する

テントでの就寝は慣れていないと犬も安心して眠れません。においのついたマットや毛布を持ち込んで安心させましょう。

事前に慣らすことが肝心

テントの外での繋留・就寝の方法

室外飼育の犬はテント内での睡眠に抵抗する場合があります。不慣れなので眠れないのです。そんなときはケージや犬用のテントを設置します。新品を持ち込んでも犬は落ち着けませんから、自宅で慣らしておきましょう。

慣れたケージを前室におく

普段から使用しているケージをテントの前室に置けば、出入り口を閉めてもお互いに安心していられます。

犬用テントを設置する

犬用に作られた小型テント。愛犬のサイズにちょうどいい大きさのテントを購入して使いましょう。愛犬が落ち着くまでには慣れが必要ですが、前室に設置するといいでしょう。

STEP UP! 不安を解消してあげるため愛犬が慣れた食器を持参する

愛犬がキャンプ場の環境に慣れるまでは注意が必要です。不安になって下痢を起こしたり、普段は気にならない音にも過敏に反応する場合があるのです。せめて食器は使い慣れたモノを持参して安心させよう。

タンクと受け皿が合体した携帯用の水飲みは散歩にも便利

ドッグランで犬を遊ばせる

リードを外して犬も飼い主も思い切り駆け回ろう！

「ドッグラン」と呼ばれる犬専用の運動場は、犬が自由に遊ぶことが許された場所なのです。しかしここにもトラブルを避けるためのルールとマナーは存在します。伝染する病気を持った犬を入れないのはもちろん、発情期を迎えた場合やその前後も入場は自粛しよう。

ノーリードが基本

ドッグランは犬の遊び場

初めてのドックランでは、愛犬がほかの犬とケンカをしない友好的な性格かどうかを見極めよう。また指示に素直に従い、ノーリードで動けるかどうか自信がもてない場合も、リードを外さずにしばらく様子を見る余裕が必要。

ドッグラン利用上のルール&注意点

フンの始末は飼い主の責任
ドッグランで愛犬がしたフンは、そこのルールに従い飼い主が必ず始末しよう。

病気の犬は入場禁止
特に伝染する恐れがある病気の場合は、絶対に入場させてはいけません。

発情期は入場禁止
発情期の牝犬は、ドッグランだけではなくキャンプ場にも連れていかないのが基本。

STEP UP! 飼い主同士もふれあえる場

ドッグランは愛犬家だけが集まる場所ですから、犬だけではなく飼い主も楽しめる場所です。愛犬家ならではの意見や情報を交わす場所としての楽しみもあるのです。

知っておきたい ドッグランの施設

ドッグランといっても、その形態はさまざまです。無料で利用できるキャンプ場もあれば、利用時間に制限のあるところや有料の場所もあるのです。ここでは基本的な施設の解説をしておきますので利用の際の目安にしてください。

水場
節水を心がけて利用しよう

季節を問わず運動中は定期的に飲み水を与え、脱水症に注意してください。飲み水の確保と足を洗うための水場が設置されている場合が多い。

フィールド
自然の地形を活用している

平地から山の斜面をそのまま利用しているドッグランまで形態はさまざま。地面は土が露出したところが多く、足元に適度な刺激を与えます。

アジリティー施設
ゲーム感覚で楽しめる!

犬と共に遊べるスポーツがアジリティーです。犬にとっては難関を突破し、飼い主は全力で走るゲーム。競技会もあり人気の高いスポーツです。

ベンチ
譲り合って利用しよう

飼い主用に設置。混雑時は譲り合って利用しよう。犬が占拠してしまう場合もあるが、汚してしまったら掃除をするのは飼い主の責任です。

予防と対策 犬のトラブル対処法

犬連れキャンプに起こりがちなトラブルと対処方法を解説します。事前に察知してトラブルにしないことが基本ですが、もしものときのために覚えておくと役に立ちます。また不安なときは必ず獣医師に相談することも忘れずに!

車酔い
ひどい場合は予防薬を使おう

獣医師の健診後に薬をもらうのが有効。軽い症状ならラベンダーやティーツリーなどのアロマをハンカチに染みこませて嗅がせる方法もある。

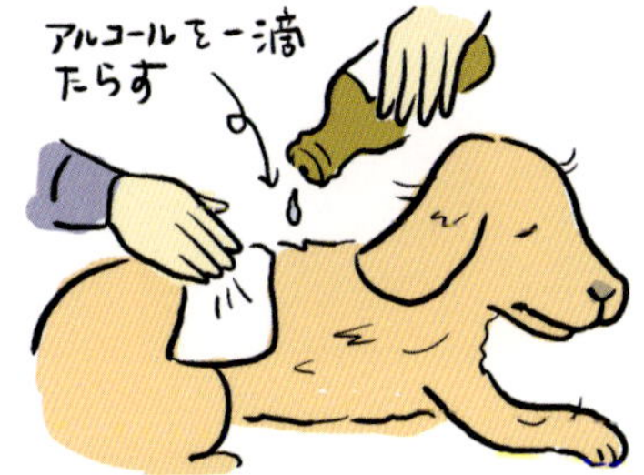

ノミ、ダニ
予防することがいちばん大事です

滴下型の薬を利用して予防。ダニの病気を犬がもらうこともあり侮れない。ダニを取るときはアルコールかイソジンを1滴垂らし弱らせてから。

熱中症
「ハァハァ」言い続けたら危険信号

体を冷やしてスグに獣医師に連れて行こう。暑さだけではなく緊張から引き起こす場合があるので注意。体温計を用意しておくことも大事。

トゲが刺さった
危険信号を察知して素早い対処を!

まず水で洗おう。これで発見できず取れないときは、獣医師に相談しよう。足を犬が舐め続けている場合は危険信号だと思い注意してください。

出発前後の点検と帰宅後の洗車

トラブルを未然に防ぐ 出発前後のカーメンテナンス

最近の自動車は高性能ですが、点検を怠ると思わぬトラブルも起こります。日常とは違い、長距離を走る可能性も高く、積載量も段違いです。必ず点検して安全運行に努めてください。メカに自信のない方は、ガソリンスタンドやディーラーで点検してから出かけましょう。

ボンネットを開ける 出発前の確認ポイント

基本点検はボンネットを開けて行います。最近の車なら、黄色いキャップの部分がメンテナンスのポイント。油脂や液量の確認だけですから簡単です。また、忘れては困るのがタイヤの点検。普段でも1ヶ月に1度は点検しよう。

1 ウオッシャー液
よりよい視界確保のために
使えば減るのは当然です。専用液を満たしましょう。ガソリンスタンドやディーラーでも可能です。

2 冷却水
夏場は特に確認が必要!
エンジンが冷えているときに上限と下限の中間にあれば正常です。減っていたらトラブルです。必ず点検に出しましょう。

3 ブレーキオイル
命を守る大切なものです!
目視して入っていれば大丈夫。減っていたらブレーキパッドの摩滅の可能性があります。急いで点検に出しましょう!

4 タイヤ
空気圧とキズの点検
空気圧調整はガソリンスタンドで行なう。ほとんど無料なので、月に一度の調整とキズ、摩耗をチェック!

5 エンジンオイルほか
ゲージを抜き取ってチェック
エンジンオイルとATFを点検します。ゲージを抜き取り、布で拭いてから差し、再び抜いて量と質を見ます。

汚れ放置は大敵

帰宅後の洗車方法

高速走行やラフロードなどは車を疲れさせます。洗車しながら点検すると、トラブルも未然に防げるのです。帰宅後は速やかに洗車する習慣をつけましょう。コイン洗車場での方法を紹介します。

外装の洗車①

ラジエーターコアを洗う

虫などがラジエーターに飛び込み、目詰まりを起こすので、ラジエーターグリルに高圧水をかけて落とす。

外装の洗車②

タイヤハウスの洗浄

ラフロードを走行したら必ず洗浄しましょう。ドロがたまり、車を重くしていることもあります。

虫の除去①

殺虫剤を噴霧する

キャンプ道具に付着していた虫が車内にいることもあります。荷室を中心に殺虫剤を噴霧します。

虫の除去②

空調は内気循環にする

殺虫剤を噴霧したら、空調つまみを内気循環にして窓を閉め、しばらく放置します。

室内の清掃①

細かな石やゴミは掃除機で

車内には凹凸があり、凹んだ部分には小石などが溜まります。掃除機で吸い取るのがいちばんです。

室内の清掃②

足元の清掃

足マットも、ドロ汚れがひどい場合を除いて掃除機を活用。洗ったら完全に乾燥させて車内に戻そう！

室内の清掃③

シートの清掃

シートは固く絞った布を一定方向に動かして掃除します。ペットの抜け毛も簡単に取れます。

ATTENTION!

**メカに自信のない人は
販売店やディーラーを頼ろう**

自動車は3万点もの部品で構成されています。どんなに高性能になったとしても、点検整備は欠かせません。最新車はエンジンルームの黄色い部分をメンテナンスポイントにしていて、わかりやすくなっています。それでも自信がない人は、販売店で点検を受けてから、出発する習慣を持とう。問題がなければ数分で完了し、費用も格安です。

虫刺されの予防と対処

蚊ゃアブ、ハチなど キャンプの天敵 “虫”に注意しよう!

キャンプ場が自然豊かな環境にあれば、そこには都市部よりもたくさんの虫が生息しています。楽しい虫も数多くいますが、なかには人体に害のある虫もいるので注意が必要です。人間がキャンプしやすい季節は、虫たちにとっても行動期であることをお忘れなく!

近づかないために

虫が集まる場所を知る

虫には好きな色やにおいなどがあり、好んで集まる場所があるのです。虫に近寄らないようにしたり、サイトから虫を遠ざける工夫をしてください。蚊は日没前後の5〜6時間に行動が活発になります。集中的に対応しましょう。

川や水たまりを好む
水場は虫たちが生息しやすい場所。汗にも反応しますから、特に暑い時期は蚊やアブに注意してください。

酒や甘い香りも好きですよ
ジュースや日本酒などを放置すると、そこに虫が集まります。また二酸化炭素を好みますから、飲酒後の息には相乗効果で強く反応するようです。

黄色を好む特徴があります
特に黄色を好みますから、キャンプ用品やアウトドアウエアを購入するときは、考慮して選びましょう。

寄せ付けないために
虫刺されの予防方法

サマーキャンプには虫が必ずやってきます。もちろん春から秋の長い期間、キャンプに快適な季節にも虫はやってくるのです。キャンプサイトに寄ってくる虫は撃退するしか方法はありません。ここでは刺されない工夫を紹介します。

長袖長ズボンで肌を露出しない

暑い時期でも、なるべく肌を露出させないようにしよう。単純ですが、一番効果があるのです。ただし着込みすぎて汗をかいては逆効果。

虫よけスプレーで寄せつけない

最近の虫よけスプレーは使用感の優れたモノが多くなり、快適に使えます。ただし有効なのは1時間が限度。数回に分けて塗布しましょう。

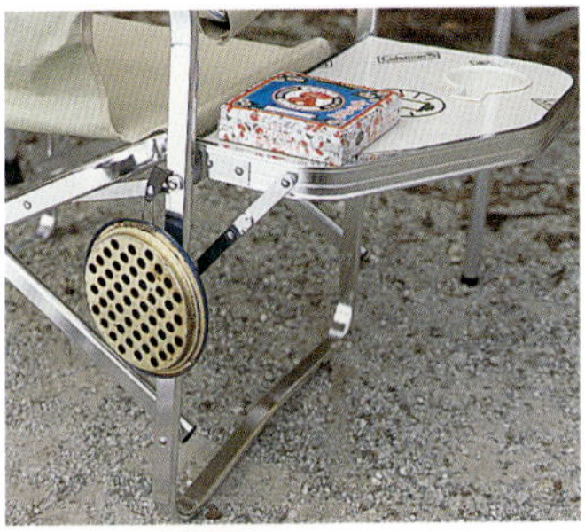

蚊とり線香を置く

昔ながらの手法ですが、大変に有効です。風上に置くのが基本ですが、できれば四方に置くと効果が上がります。

ランタンを集虫灯にする

特に虫の多いサマーキャンプでは、虫を積極的に集める作戦に出ます。手持ちで一番明るいランタンをサイトから少し離して設置し、虫をサイトから遠ざけましょう。

刺されてしまったら
虫刺されの対処方法

蚊に刺される程度なら、かゆみを我慢すれば済むことですが、毒のあるハチやブユに刺されると長引き、また場合によっては命にかかわることもあります。おろそかにはできないのです。

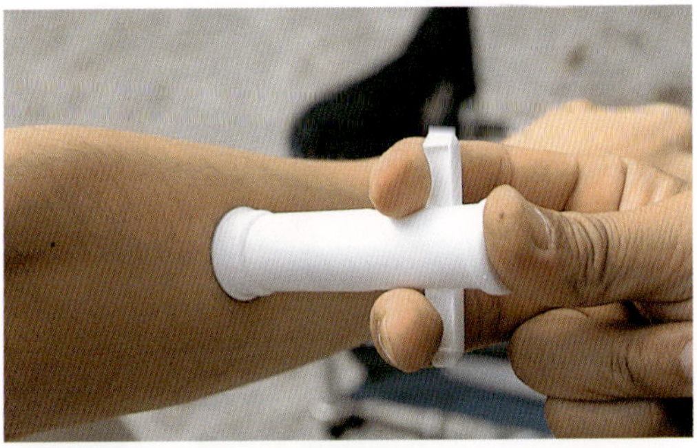

ポイズンリムーバーで虫の毒を抜く

ポイズンリムーバーとは、虫の毒を抜くための道具で、アウトドア専門店でも購入できます。毒虫に刺されたら、まずはこれを使って毒を抜いてから、医者に行くことをオススメします。

手軽に対処できるかゆみ止め軟こう

かゆみ止めの軟こうには、虫さされ全般に対応する薬があります。刺された場合にはこれを塗ろう。痛みがなく、かゆみ程度ならこれで対応できます。

ファーストエイドキットとケガや病気の応急処置

キャンプに“危険”はつきもの 症状を把握して 素早い行動を心がけよう！

キャンプ場は人里から離れた場所にあるのが普通です。そのため、緊急事態が起きてから病院に駆けつけるまでには、少し時間が必要です。万一のケガや病気には初期の手当が肝心です。少しでも症状を軽減させるために、手当ての心得と必要な薬は持参するようにしましょう。

家庭の常備薬で大丈夫

ファーストエイドキットを用意する

以下に挙げる薬が家庭にない場合は、購入して厚手のビニール袋などに入れて持参します。このなかで忘れやすいのが保険証のコピーです。原本は紛失の恐れもありますから、必ずコピーを持参するようにしましょう。

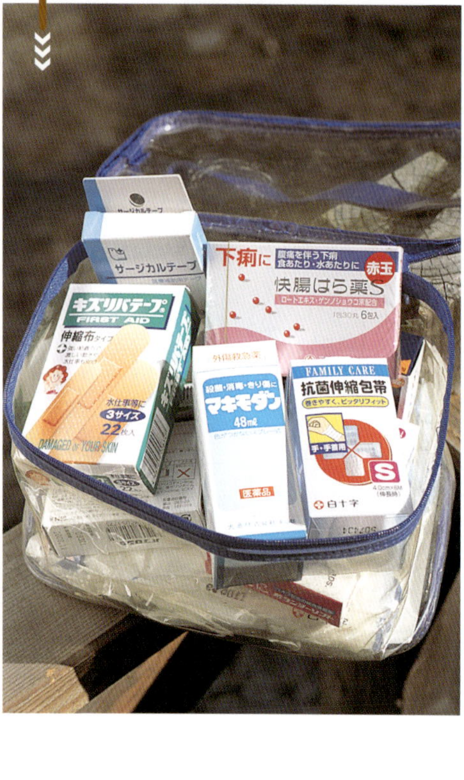

薬の補給も忘れずに

以下の常備薬のなかで使用頻度が高いのは、消毒薬、ばんそうこう（カットバンなど）、虫刺され軟こう、胃腸薬、日焼け止めです。知らず知らずのうちに使い果たしていることもあります。点検と補充をお忘れなく！

●揃えておきたいもの

- □ 消毒薬
- □ 包帯
- □ ばんそうこう
- □ ガーゼ
- □ 脱脂綿
- □ 湿布剤
- □ 虫刺され軟こう
- □ 解熱剤
- □ 胃腸薬
- □ 日焼け止め
- □ 体温計
- □ ピンセット
- □ ハサミ
- □ 持病薬
- □ 保険証のコピー

症状を見極める
ケガや病気の応急処置

もっとも怖いのは熱中症です。見極めが難しいため、放置すると命にかかわることになりかねません。予防策は帽子の着用と適度な休憩、充分な水分補給です。暑い時期には首筋を冷やすのも有効な方法です。

ねんざ 冷やして固定する

患部に氷や湿布剤を当てて冷やします。次いで包帯や添え木を利用して患部を固定してから医者に相談します。ねんざを甘く見ると長引く恐れがあります。早期に的確な判断を仰ぐことが大事です。

やけど 冷やすことから始めます

まずは冷やしてからガーゼで保護。水疱はつぶさないこと！　着衣の下がやけどしてる場合は無理に脱がさず、そのまま冷やします。やけどの面積が大きな場合は、冷やしたらスグに病院に行こう。

骨折 見極めが難しい

痛みが伴い、時間の経過と共に患部が腫れてきたら骨折の疑いがあります。速やかに医者の手当てを受けましょう。素人の手当ては悪影響を与える恐れがあります。素早い行動を心がけてください。

擦り傷 消毒が最優先です

擦り傷は患部をキレイな水で洗い流してから消毒。浅く面積もせまい場合は抗生物質の軟こうを塗布。ひどい場合は消毒後に医者で手当をうける。切り傷も同様。出血が多い時は止血してから病院へ。

熱中症 死に至ることもある

あくびの連発、吐き気、頭痛やだるさを訴えたら危険！ 涼しい場所に寝かせて頭と胸を冷やす。体温が38度以下になったらスポーツドリンクや薄い食塩水を与えるが、無理に飲ませてはいけません。

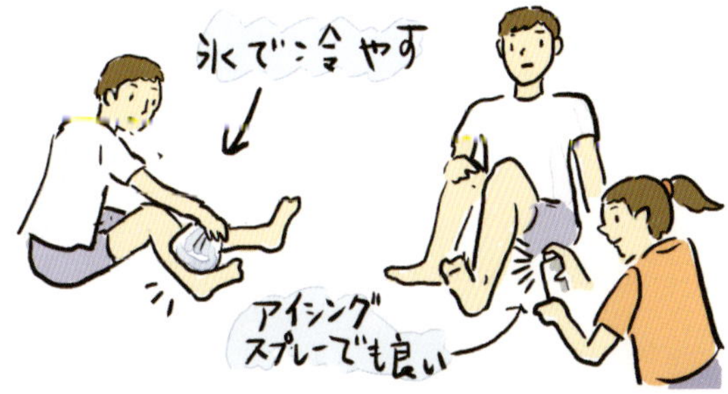

打撲 冷やしてから手当てします

内出血や炎症が考えられる場合は冷やします。濡れタオルや氷で冷やす間に、湿布剤を準備して貼ります。時間が経過しても痛みが治まらない場合は、医者に診断してもらおう。

キャンプ場のマナーと持ち物チェックリスト

節度と道具を持ち合わせたら立派なキャンパーの仲間入り!

キャンプは自然のなかで自由に楽しむものです。「これをしなきゃいけない!」という決まりはありません。しかし、キャンプ場をよく理解しておかないと、本質を逸脱する恐れがあります。そのため、絶対に守らなければならないオキテも存在するのです。

思いやる気持ち

キャンプ場のマナー

キャンプ場にはマナーとルールが存在します。それはみんなが気持ち良くキャンプをするためのものですから、守るのは自分のため! 楽しい時間を嫌な気分で埋めないように、お互いに気をつけましょう。

礼

まわりのキャンパーへのあいさつを心がけよう!

欧米人は目と目が合うとほほえみ、あいさつを交わします。私たちも欧米型のキャンプを楽しむワケですから、あいさつをしてみませんか? とても気持ちがいいものです。キャンプ場で友人を作るキッカケにもなりますね。

静

早朝・深夜の騒ぎは迷惑・トラブルのもと!

キャンプ場の夜は早い。慣れたキャンパーのなかには、早朝のすがすがしさを求めている人も少なくありません。静かに話しているつもりでも、声が響き、迷惑をかける恐れがあります。早寝早起きを心がけましょう。

守

キャンプ場で決められたルールは必ず守ろう!

各キャンプ場には「みんなが安全に楽しむためのルール」があります。従わない場合は時間にかかわらず、強制退場させられる場合もあるのでキチンと守りましょう。ルールを守らない退場者には使用料の返金もありません。

優

キャンプ場は自然の宝庫 地球に優しい行動を!

日々の暮らしと同じことですが、キャンプ場でも小さな草花や虫に優しい生活をして、地球に無用なダメージを与える行為は慎もう。大人が手本を示すことで、子どもたちに環境に優しい行動を教える、学習の場にもなるのです。

これがあれば困らない 持ち物チェックリスト

キャンプ場に到着してから忘れ物に気づいても手遅れです。不自由な思いをしないためにも、出発前には持ち物の点検をしましょう。そんなときのために、使いやすいチェックリストを作りました。ぜひとも活用してください。

◎=必須アイテム　○=あれば便利なアイテム

キッチンまわり

ハードクーラーボックス	◎
ソフトクーラーボックス	○
保冷剤	○
氷	◎
食料・飲み物	◎
ツーバーナー	◎
バーナースタンド	◎
シングルバーナー	○
キッチンテーブル	○
ウオータータンク・ジャグ	◎
まな板・包丁・ナイフなど	◎
クッカー	◎
食器類	◎
カトラリー	◎
シェラカップ	○
マグカップ	◎
ダッチオーブン	○
バーベキューグリル	○
スモーカー	○
焚き火台	○
七輪	○
ライター	◎
トーチ	○
着火材	○
軍手・皮製グローブ	◎
うちわ	◎
トング	◎
ナタ	○
新聞紙	◎
アルミホイル、ラップ	◎
ファスナー付きビニール袋	○
キッチンペーパー	○
ゴミ袋	◎
洗剤	◎
スポンジ・タワシ	◎
ゴム手袋(炊事用)	○

テントまわり

テント一式	◎
グラウンドシート	◎
テントマット	○
パーソナルマット	◎
シュラフ	◎
シュラフカバー	○
ブランケット	○
枕	○
シャベル	○
すのこ	○

リビングまわり

タープ一式	◎
テーブル	◎
チェア	◎
コット	○
ランタン	◎
ランタンスタンド	○
テーブルクロス	○

そのほか

防寒着	◎
着替え、洗面具	◎
レインウエア	◎
サンダル	○
帽子	◎
タオル・ぞうきん	◎
予備ポール・ペグ	○
予備マントル	◎
カラビナ、S管、ロープ	○
各種燃料	◎
ファーストエイドキット、保険証のコピー	◎
蚊とり線香、虫よけスプレー	○
かゆみ止め薬	◎
ヘッドランプ、懐中電灯	◎
携帯ラジオ	○
コンテナボックス	○
トイレットペーパー	○
メンテナンス・リペアキット	○

あとがき

オートキャンプとは、子どものころに憧れた情景に向かって旅に出ることだ。私にとっては古いアメリカTV西部劇「ローハイド」の世界。いつか必ず馬に乗り「ローハイド」のカウボーイのようなワイルドな旅をしたいと願っている（バカみたいで恥ずかしいが）。

ある年、極寒の大地でキャンプをした。気温はマイナス28℃。カップに注いだウイスキーがトロリとしてくる温度。テントの内と外では天国と地獄。吐息が凍りテントの結露になる。テントの隅に置いたビールも凍ってしまう寒さは痛い思い出だ。

ヒゲにツララが下がって目覚めた朝、キシキシと音を立てるように光る空気があった。ダイヤモンドダストだ。

寒さではなく、感動で身体が震える体験をしたのだ。オーロラも見た。サバンナに寝た夜もあった。

見知らぬ大地で数え切れないほどキャンプを重ねてきたのは、きっと落ち着ける場所を探していたからだ。ただ、今はその場所を心の中に見つけることができる。時間割のない世界に身を置くことこそ、キャンプの目的だと思えるようになったのだ。

キャンプは心の解放と安らぎを与えてくれる。その大きさにくらべれば、場所や季節は二次的要素にすぎない、といえば言い過ぎだろうか。

ピース！

写真・文●太田 潤
デザイン●スティールヘッド／松本 鋼、岡 健司、上原陽子
イラスト●岡本倫幸
編　　集●秋元編集事務所／秋元庄三郎、佐藤克成
編集協力●別府恵子
取材協力●トヨタ自動車、本田技研工業、コールマンジャパン、小川キャンパル、モンベル、コロンビアスポーツウエアジャパン、モチヅキ、大子広域公園オートキャンプ場グリンヴィラ、ウェルキャンプ〈西丹沢〉

いますぐ使える オートキャンプ完全マニュアル
2006年9月3日　発行

著　者●太田　潤
発行者●佐藤龍夫
発行所●株式会社大泉書店
〒162-0805　東京都新宿区矢来町27
電話　03-3260-4001(代表)　FAX　03-3260-4074
URL　http://www.oizumishoten.co.jp
印刷・製本●図書印刷株式会社

ISBN4-278-04715-0　C0075

R55